MEHR ERTRAG IM STATIONÄREN EINZELHANDEL

55 wirksame Tipps und Strategien für mehr Umsatz und Marge als Einzelhändler

ROMAN

VA media

Impressum

1. Auflage 08/2019

Umschlaggestaltung: VoV media
Layout: VoV media
Illustration: VoV media
Lektorat/Korrektorat: Peter Gura (Die Fehlerwerkstatt e.U.)

Verlag: VoV media – www.voice-of-value.com

Inhaltsverzeichnis

Bevor Sie starten

Zugang zum exklusiven Leserbereich

Werfen Sie einen Blick auf die Ressourcenseite im speziell für dieses Buch eingerichteten Leserbereich:
https://www.voice-of-value.com/handel-buch/

Dort finden Sie:

- eine Sammlung von zusätzlichen kostenlosen E-Books und Checklisten mit weiterführenden Informationen, die Ihnen die Arbeit mit dem Inhalt enorm erleichtern
- Links zu thematisch passenden und vertiefenden Blogbeiträgen und Büchern
- Links zu Podcasts und Videos
- eine Sammlung von Software- und anderen Tools, die Sie bei der Umsetzung der Inhalte unterstützen
- Hinweise auf Veranstaltungen zum Thema

Vorwort des Autors

Liebe Leserin, lieber Leser,

da wir uns möglicherweise noch nicht kennen, halte ich es für angebracht, mich kurz vorzustellen.

Mein Name ist Roman Kmenta und ich bin Unternehmer. Ich habe in meinem Berufsleben, zuerst als Angestellter und danach in meiner Unternehmerlaufbahn, mit Hunderten Einzelhändlern in verschiedenen Branchen gearbeitet und sie dabei unterstützt, erfolgreichere und profitablere Geschäfte zu betreiben.

Unter anderem habe ich mehr als acht Jahre lang für *Samsonite* im Reisegepäck- und Lederwarenhandel verschiedene europäische Märkte auf- und ausgebaut, zuerst als Country Manager für Österreich, zuletzt von Köln aus als verantwortlicher Direktor für den DACH-Raum und einige Länder Osteuropas.

Tagtäglich habe ich mit Einzelhändlern gesprochen und Einzelhandelsgeschäfte besucht. Parallel dazu haben wir an speziellen Standorten auch eigene Stores geplant, eröffnet und betrieben.

Die Herausforderungen des Einzelhandels kenne ich daher bereits aus dieser Zeit sehr genau.

Später, nachdem ich wieder nach Österreich zurückgekehrt war, habe ich bei *Opel* als Marketingleiter angeheuert und dort den Autohandel sehr gut kennengelernt.

Seit 2002 führe ich als Vertriebs- und Marketingexperte mein eigenes Unternehmen und ich habe in den seither beinahe schon zwei Jahrzehnten mit vielen Einzelhändlern in unterschiedlichsten Branchen gearbeitet, darunter Kosmetik, Parfümerie, Drogerie, Mode, Lederwaren, Reisegepäck, Möbel, Grillgeräte, Telekommunikation, Kfz, Pools, Lebensmittel und Baustoffe, um nur einige zu nennen.

Ich fand den Einzelhandel immer sehr spannend. Einerseits wegen des unmittelbaren Kundenkontakts und der raschen Kaufentscheidungen; gleichzeitig ist der Einzelhandel – im Speziellen der stationäre, traditionelle Einzelhandel – gerade in den letzten Jahren von starken Veränderungen im Umfeld geprägt.

Scheinbar übermächtige neue Online-Handelskolosse sind entstanden, die Druck auf den Handel ausüben. Die Digitalisierung schreitet rasant voran und zwingt die Einzelhändler dazu, das Geschäft, das sie seit Jahrzehnten oft weitgehend unverändert betrieben haben, unter ganz neuen Blickwinkeln zu sehen.

All das ist enorm spannend, birgt Risiken, aber auch Möglichkeiten und gibt genug Stoff für das Buch, das Sie gerade lesen.

Heute halte ich als Keynote Speaker Vorträge, schreibe Bücher und Beiträge in Fachmagazinen und betreibe einen wöchentlichen Podcast sowie einen Blog mit mehr als 50 000 Lesern pro Monat. Ich berate Unternehmen und Unternehmer dabei, ihren Wert zu erhöhen und so höhere Preise und Erträge zu erzielen.

„Hoher Wert statt niedriger Preis" – so lautet mein Motto.

Mehr über mich bzw. von mir erfahren Sie auf meiner Website www.romankmenta.com – besuchen Sie mich! Dort finden Sie auch jede Menge nützlicher Ideen und Strategien in meinen

- Blogbeiträgen (https://www.romankmenta.com/blog/) und
- Podcasts (https://www.romankmenta.com/podcast/).

Und damit genug der Vorstellung und der einleitenden Worte. Ich wünsche Ihnen beim Lesen dieses Buches gute Unterhaltung und viele spannende Ideen für Ihr Geschäft.

So holen Sie das Maximum aus Ihrem Buch

Umsetzung bringt den Erfolg

Mir ist es ein großes Anliegen, dass Sie für sich und Ihr Geschäft das Maximum aus diesem Buch holen. Das Buch soll eine hohe Rendite für Sie erwirtschaften.

Das schaffen Sie dann, wenn Sie die Ideen, Tipps und Strategien, die Sie für Ihr Geschäft anwendbar finden, markieren, festhalten und Schritt für Schritt umsetzen.

Ich verspreche Ihnen, dass jede einzelne der beschriebenen Strategien dazu geeignet ist, Ihre Umsätze und vor allem auch Ihre Deckungsbeiträge zu erhöhen, manche sogar dramatisch.

So können Sie dieses Buch lesen

Sie können dieses Buch auf zwei Arten lesen: einfach ganz traditionell – von vorne nach hinten – oder aber auch ganz gezielt einzelne Abschnitte oder sogar einzelne Strategien.

Die geschilderten Strategien sind auch weitgehend voneinander unabhängig einsetzbar.

Dieses Buch ist viele Bücher

Da nicht annähernd alles, was für Ihre Geschäftsentwicklung interessant ist, Platz in diesem Buch findet (und dies auch gar nicht soll), werden Sie auf den kommenden Seiten immer wieder auf Verweise und Links zu ergänzenden Themen treffen. Genauer gesagt können das folgende Informationen sein:

- Links zu thematisch passenden und vertiefenden Blogbeiträgen
- Links zu Podcasts und Videos
- Verweise auf kostenlose E-Books und Checklisten mit weiterführenden Informationen
- Empfehlungen für Bücher (von mir und anderen Autoren), die zu einzelnen Themen Spezialwissen bieten
- Empfehlungen für Tools zur Umsetzung der einzelnen Strategien

So betrachtet steckt in diesem Buch noch viel mehr drin als nur das, was gedruckt ist. Es ist auch eine Plattform für Ihren Geschäftserfolg.

Alle diese zusätzlichen Informationen sind ebenfalls im bereits angesprochenen Leserbereich auf meiner Website zusammengefasst und werden dort immer wieder ergänzt.

Über den folgenden Link gelangen Sie dorthin:
https://www.voice-of-value.com/handel-buch/

Hinweis in eigener Sache

An dieser Stelle sei darauf hingewiesen, dass ich für die Empfehlung mancher Bücher oder auch Tools bzw. Kurse Provisionen erhalte, so Sie eines dieser Bücher oder Tools erwerben. Als Amazon-Partner verdiene ich an qualifizierten Verkäufen.

Das hat jedoch keinerlei Nachteile für Sie und hält mich nicht davon ab, die Empfehlungen nach bestem Wissen und Gewissen auszusprechen.

Auslaufmodell stationärer Einzelhandel?

Der stationäre Einzelhandel war über Jahrhunderte hinweg ein Erfolgsmodell. Quer durch alle Branchen kauften Händler Produkte ein und verkauften sie an Endverbraucher weiter. Die Handelsspanne – die Differenz zwischen Ein- und Verkauf – ernährte den Einzelhändler.

Doch genau diese Marge ist seit Längerem am Schrumpfen. Zuerst langsam und in den letzten Jahren, bedingt durch die fortschreitende technologische Entwicklung, immer schneller.

Diese zunehmende Reduktion der Handelsspannen hat mehrere Ursachen. Je besser man diese versteht, umso leichter tut man sich als stationärer Einzelhändler, diesem fatalen Trend zu kleineren Margen entgegenzuwirken.

Der Onlinehandel als Margenkiller

Infolge der technologischen Entwicklung, ausgelöst durch die Entstehung des Internets, haben sich komplett neue Vertriebskanäle und Märkte mit neuen Anbietern, den Onlinehändlern, herausgebildet.

In diesen Vertriebskanälen herrschen im Vergleich zum stationären Handel geänderte Rahmenbedingungen. So sind die Kostenstrukturen in vielen Bereichen deutlich schlanker. Onlinehändler können daher oft günstiger anbieten als der klassische Offlinehandel, und durch den immer stärker werdenden Wettbewerb – vor allem unter den Onlinehändlern – tun sie das auch.

Der Offlinehandel, der ja oft dieselben Produkte anbietet und daher unter diesem Aspekt vergleichbar ist, sieht sich immer mehr dazu genötigt, mitzuziehen und sich den Preisen des Onlinehandels zumindest anzunähern, besser noch gleichzuziehen oder diese sogar zu unterbieten. Der Kunde kauft schließlich dort, wo es am billigsten ist, so meint man.

Dass das nicht stimmt (und schon gar nicht immer) und dass es keine Lösung sein kann, immer nur die Preisschraube nach unten zu drehen, dazu habe ich ein ganzes Buch geschrieben: „Nicht um jeden Preis – Mehr Gewinn, mehr Wert, mehr Freude im Business“.

Über diesen Link erfahren Sie mehr dazu:
https://amzn.to/2XftNq2

Als Amazon-Partner verdiene ich an qualifizierten Verkäufen.

Gleichzeitig werden Produkte im Einkauf immer billiger, auch bedingt durch die vermehrte Auslagerung der Produktion in Länder wie Indien, Pakistan und allen voran natürlich China. Dort kostet Arbeitskraft im Vergleich zu westlichen Standards fast nichts, und so kann unschlagbar günstig produziert werden.

Aufgrund der höheren Kosten im stationären Handel ist der Preiskampf gegen den Onlinehandel potenziell desaströs. Etliche – auch große – Einzelhändler sind dieser Schlacht in den letzten Jahren zum Opfer gefallen und mussten die Pforten für immer schließen.

Die „Geiz ist geil"-Mentalität

Aber auch die Konsumenten tragen ihren Teil zum Margenverfall bei. Jahre von „Geiz ist geil" oder ähnlichen Slogans sowie Preisvergleichsseiten und Preisaktionen in der Werbung haben ihre Spuren in der Gesellschaft und damit auch in der Wirtschaft hinterlassen.

Schnäppchenjäger treten rudelweise auf und sind so frech geworden, dass sie noch während der Beratung den Onlinepreis eines Produktes googeln und den Verkäufer beinhart damit konfrontieren.

Ja, die Welt ist schlecht! Doch um ehrlich zu sein: Wir selbst haben sie schlecht gemacht. Schnäppchenjäger und Pfennigfuchser sind auch ein Produkt ebendieser Gehirnwäsche durch den Handel.

Hochgradig kreativitätsbefreit und ideenlos

Gründe für diese Aktions- und Discountpreis-Versessenheit des Handels sind einerseits der falsche Glaube, dass der Preis der wichtigste oder gar einzige Entscheidungsfaktor für den Kauf ist, andererseits aber auch einfach nur Mangel an Kreativität.

„Den Preis reduzieren kann jeder.
Damit auch noch Geld verdienen nur ganz wenige."

Preise reduzieren geht einfach und schnell. Das kann jeder, sogar der Lehrling im ersten Lehrjahr. Dazu braucht es kein Know-how und vor allem keine Ideen, sondern nur einen Rotstift.

Und eben weil es so einfach geht, machen es die meisten ... und das oft. Warum auch lange nachdenken über profitable Möglichkeiten, den Umsatz anzukurbeln?

Es ist erschreckend, welcher Mangel an Kreativität und wahrscheinlich auch an Mut zu Neuem in manchen Marketingabteilungen selbst großer Handelsunternehmen herrscht. Anders kann ich mir die immer gleichen „Wir zahlen Ihnen die Mehrwertsteuer"-Aktionen nicht erklären. Die Rentabilität solcher Aktionen kann definitiv nicht der Grund sein.

Beim Rechnen gefehlt

Immer wieder gewinne ich den Eindruck, dass manche Einzelhändler (das trifft übrigens auch auf etliche Onlinehändler zu) in der Schule beim Rechnen gefehlt haben. Warum? Wenn man im Handel 0–5 % Gewinn vor Steuern (bzw. Umsatzrendite) hat, dann kann eine „Wir zahlen Ihnen die Mehrwertsteuer"-Aktion zwar mehr Kunden und mehr Umsatz bringen (wenngleich selbst das nicht immer der Fall ist), doch zum Mehr-Geld-Verdienen taugt sie in den seltensten Fällen.

Ich bin überzeugt, dass die Zahl dieser und ähnlicher Aktivitäten im Handel deutlich abnehmen würde, wenn man vorab ein paar einfache betriebswirtschaftliche Berechnungen anstellen würde. Mehr dazu später.

Ist für den traditionellen Einzelhandel alles verloren?

Sollte ich jetzt sehr kritisch gewesen sein und sich der eine Leser oder die andere Leserin ertappt oder sogar auf den Schlips getreten fühlen, dann tut mir das leid.

Zu meiner Entschuldigung möchte ich aber anführen, dass ich das in bester Absicht getan habe und in Kürze eine Menge Tipps und Strategien für mehr Umsatz und vor allem höhere Margen liefere. Ich hoffe daher, dass Sie mir das nachsehen können.

Denn auch, wenn man vielleicht den Eindruck haben könnte, für den stationären Einzelhandel sei alles verloren – dem ist nicht so. Ganz im Gegenteil.

Diese Veränderungen haben zwar, wie erwähnt, einige Nachteile für den traditionellen Einzelhandel mit sich gebracht, doch gleichzeitig ergeben sich daraus auch Chancen:

- Die neuen technologischen Möglichkeiten und Tools können natürlich auch vom stationären Einzelhandel genutzt werden.
- Der stationäre Einzelhandel kann neue Ideen und Vorgehensweisen vom Onlinehandel übernehmen. Damit meine ich nicht (nur) einfaches Kopieren; vielmehr ergeben sich durch das Übernehmen von der digitalen in die analoge Welt oft ganz neue Ideen.
- Durch den Druck – auch den auf die Margen –, der durch die Veränderungen für den klassischen Einzelhandel entstanden ist, ist dieser förmlich gezwungen, sich selbst ebenso zu verändern und sich den neuen Rahmenbedingungen anzupassen. Die alte Kaufmannsweisheit „Konkurrenz belebt das Geschäft" könnte auch hier eine gewisse Bedeutung haben.

55 Tipps und Strategien für höhere Margen und mehr Ertrag

Es folgt, wie versprochen, eine Vielzahl von Ideen und Strategien, um die Umsätze, aber vor allem die Margen und daraus folgend auch die Erträge im traditionellen Einzelhandel zu steigern. Diese Strategien betreffen vor allem die Bereiche Vertrieb, Marketing und Führung.

Nicht jede Strategie wird für jede Branche oder jeden Betrieb passen. Suchen Sie sich daher diejenigen heraus, die für Sie gut und einfach umsetzbar sind.

Kleinste Beträge – riesige Wirkungen

Jede einzelne Strategie ermöglicht es Ihnen, Ihren Ertrag zu verbessern – teilweise dramatisch. Und damit meine ich wirklich DRAMATISCH. Gerade im Handel, wo wir uns bei Umsatzrenditen bewegen, die normalerweise zwischen 0 % und 5 % liegen (viele Einzelhändler feiern bereits, wenn sie 1 % schaffen), fällt jeder Prozentpunkt ins Gewicht.

1 % = 50 %

Ein kleines Rechenbeispiel: Wenn einem Händler 2 % vom Umsatz als Gewinn bleiben, dann bedeutet eine erzielte Preissteigerung (bzw. Reduktion von Rabatten) um 1 % eine Gewinnsteigerung von 50 %!

Obwohl ich diese Berechnungen schon hunderte Male angestellt habe, finde ich die gewaltige Wirkung des Preishebels immer wieder erstaunlich.

In der nachfolgenden Tabelle finden Sie die Auswirkungen von höheren Preisen bei unterschiedlichen Umsatzrenditen.

Wieviel macht 1 % mehr / weniger Preis, bei gleicher Kundenanzahl?

Gewinn vor Steuern	Gewinnzuwachs / - rückgang
1 %	100 %
2 %	50 %
5 %	20 %
10 %	10 %
15 %	6,66 %

A.

Einkauf

Normalerweise konzentriere ich mich gänzlich auf die Verkaufsseite, wenn es um die Steigerung der Erträge geht, doch im Falle des Einzelhandels möchte ich den Einkauf nicht ganz außen vor lassen. Aufgrund des hohen Kostenanteils, den der Wareneinsatz hat, sind dort mit den passenden Strategien erhebliche Margenverbesserungen zu erzielen.

Dazu zwei Anmerkungen vorweg:

- Erstens hängt die Um- und Durchsetzbarkeit dieser Strategien auch von den Machtverhältnissen zwischen Händler und Lieferant ab. Als großer, wichtiger Handelspartner tun Sie sich naturgemäß leichter, Forderungen bzw. Wünsche durchzusetzen.
- Zweitens bin ich der Meinung, dass eine exzellente Beziehungsebene zum Lieferanten Ihre Chancen verbessert. Das widerspricht dem Denken vieler Einkäufer, die der Meinung sind, mit Druck und Drohungen die besten Ergebnisse zu erzielen. *„Hart in der Sache, aber weich zur Person“* hat langfristig bessere Erfolgschancen.

1 – Regelmäßige Konditionengespräche

So, wie Hersteller regelmäßig Preiserhöhungen durchführen, sollten Sie als Händler regelmäßig mit Ihren wichtigsten Lieferanten über Ihre Einkaufskonditionen sprechen.

Das muss nicht immer nur zur Jahreswende sein. Aus wichtigen bzw. passenden Anlässen können Sie auch während des Jahres über Ihre Konditionen sprechen, ganz nach dem Motto: *„Wer öfter fragt, bekommt öfter etwas. Wer nie fragt, möglicherweise gar nichts."*

2 – Vorteile und Nutzen für Ihre Lieferanten

Ihre Forderungen werden vor allem dann auf sehr offene Ohren stoßen, wenn diese auch Vorteile und Nutzen für Ihre Lieferanten bringen. Eine Win-win-Strategie ist die ideale Basis für eine gute und vor allem profitable Zusammenarbeit.

Was könnten solche Vorteile für Ihren Lieferanten sein?

- stärkere Präsenz seiner Marke bzw. seiner Produkte in Ihrem Geschäft
- stärkere Präsenz seiner Marke bzw. seiner Produkte in Ihrer Werbung
- Exklusivität – er wird in einem bestimmten Bereich der einzige Lieferant für Sie
- mehr Umsatz

Wenn Sie sich intensiv mit Ihren Lieferanten beschäftigen, werden Sie auch noch weitere, oft sehr individuelle Nutzen für diese herausfinden. Es hilft, wenn Sie Ihre Lieferanten in diesem Zusammenhang als Ihre Kunden betrachten, schließlich wollen Sie ihnen ja etwas verkaufen – eine Idee, ein Projekt, eine Werbeaktion – und dafür von diesen Geld bzw. Unterstützung erhalten.

Lesen Sie zum Thema „Kundennutzen" auch noch folgende Beiträge:

- 14 Kundenbedürfnisse, mit denen Ihr Geschäft abhebt: https://www.romankmenta.com/kundenbeduerfnisse-kundenbedarf-kundenwunsch/

- Kundennutzen verkaufsstark formulieren: https://www.romankmenta.com/kundennutzen/

3 – Kreativität bei Anlässen

Je kreativer Sie sind, was etwaige Aufhänger für Sonderkonditionen betrifft, desto größer sind Ihre Chancen, etwas zu erhalten. Dabei ist es natürlich (zumindest in den meisten Fällen) Voraussetzung, mit dem Geld, das Sie von Ihren Lieferanten erhalten, etwas zu tun, von dem auch Ihre Lieferanten potenziell profitieren.

Solche Aufhänger, um mit Ihren Lieferanten über bessere Grundkonditionen oder auch Sonderkonditionen zu verhandeln, könnten sein:

- Geburtstage, Jubiläen und Jahrestage Ihres Unternehmens
- Jubiläen der Zusammenarbeit (nach 1, 5 oder 10 Jahren etwa könnte auch die Grundkondition steigen)
- Feste wie Valentinstag, Muttertag, Ostern oder Weihnachten
- Schulbeginn und -ende
- Ausverkaufstage wie Black Friday oder Cyber Monday
- Geschäftseröffnungen oder -umbauten
- Neulistung eines Produktes
- bessere Platzierungen in Ihrem Geschäft (etwa im Kassenbereich oder in der Auslage)

Bei all der Kreativität sollten Sie es aber natürlich nicht übertreiben und stets mit Fingerspitzengefühl vorgehen. Ein verärgerter Lieferant gibt Ihnen möglicherweise gar nichts.

4 – Unterschiedliche Budgettöpfe anzapfen

Viele Lieferanten bzw. Hersteller arbeiten mit Budgets und haben verschiedene Budgettöpfe zur Verfügung, auf die Sie möglicherweise zugreifen können. Es kann gut sein, dass zwar bei den Grundkonditionen nicht mehr möglich ist, dass aber das Budget für Unterstützung bei Sonderplatzierungen noch gut gefüllt ist.

Sie müssen diese Budgets und Strukturen nur kennen und dann in Ihre Konditionenverhandlungen mit einfließen lassen. Dieser Tipp geht mit den oben genannten Anlässen als Aufhänger einher.

5 – Der frühe Vogel bekommt mehr Geld

Zu Beginn des Geschäftsjahres Ihrer Lieferanten sind die Budgettöpfe noch voll. Was immer Sie daher fordern – fordern Sie es früh im Jahr. Dabei müssen Sie nicht einmal warten, bis das Geschäftsjahr begonnen hat.

Starten Sie noch im alten Geschäftsjahr mit Ihrer Planung und den entsprechenden Vorgesprächen. Auch wenn vielleicht noch nicht klar ist, wie gut die Budgettöpfe gefüllt sein werden, so ist es in den meisten Fällen sicher, dass Geld da sein wird.

6 – Survival of the fittest

Professionelle Verkäufer machen sich regelmäßig fit für Verkaufsgespräche, im Speziellen auch für Preis- und Konditionenverhandlungen. Machen Sie dasselbe und nutzen Sie dafür:

- Bücher (www.romankmenta.com/shop/)
- Hörbücher
- Seminare (https://www.romankmenta.com/seminar/)

- Blogs (www.romankmenta.com/blog)
- Podcasts (www.romankmenta.com/podcast/)
- YouTube-Videos (www.youtube.com/user/RomanKmenta)

Ich produziere meine Inhalte zwar so gut wie immer aus Sicht des Verkaufs, aber vieles davon können Sie im Einkauf sinngemäß ebenfalls sehr gut nutzen.

So können Sie oft recht einfach im Einkauf ein paar Prozent mehr herausholen.

B.

Verkauf

7 – Einmal kaufen ist gut, öfter kaufen viel besser

Hat der Kunde erst einmal gekauft, ist die größte Hürde – der Schritt vom Interessenten zum Kunden – erfolgreich überwunden. Viele Händler freuen sich zwar darüber, begnügen sich allerdings damit, etwas verkauft zu haben.

Doch richtig spannend – für Ihre Umsätze und Erträge – wird es, wenn Kunden immer wieder kaufen. Überlegen Sie, wie Sie die Kundenbindung und die Wiederkaufrate erhöhen können. Je öfter Kunden kaufen, desto besser.

Die wichtigsten Grundlagen dafür sind:

- ein begeisterndes Einkaufserlebnis – Kundenzufriedenheit reicht meistens nicht
- kontinuierlicher Kundenkontakt per Newsletter, Social Media etc.
- Wiederkaufsanreize wie Gutscheinaktionen, Kundenkarten oder spezielle Dienstleistungen
- Produkte oder Dienstleistungen, die sich zum wiederholten Kauf eignen (alles, was in irgendeiner Weise verbraucht wird, sich abnützt bzw. regelmäßig kaputt wird und ersetzt werden

muss), bzw. Dienstleistungen, die regelmäßig in Anspruch genommen werden (müssen)

- ein Produkt- und Leistungssortiment, das Ihren Kunden immer neue Möglichkeiten eröffnet, bei Ihnen etwas zu kaufen (zusätzlich zum Verbrauch, wie im vorherigen Punkt erwähnt)

8 – Wer kommt, MUSS kaufen

Kunden ins Geschäft zu bekommen, ist oftmals (zeit)aufwendig und teuer. Damit sich diese Mühe für Sie lohnt, muss es das Ziel sein, dass jeder, der Ihr Geschäft betritt, auch etwas kauft.

Natürlich besteht weiterhin die Hoffnung, dass jemand, der das Geschäft verlässt, wiederkommt. Die Hoffnung stirbt bekanntlich zuletzt ... aber letzten Endes stirbt auch sie. Die Praxis zeigt, dass die Kaufwahrscheinlichkeit dramatisch sinkt, sobald der potenzielle Kunde das Geschäft verlassen hat.

Zu vieles kann passieren: Der Interessent denkt darüber nach und kauft gar nicht; er kauft im nächsten Geschäft, das er betritt (und in dem der Verkäufer abschlussorientierter ist); oder er kauft online, weil er ein Schnäppchen entdeckt und ein wenig Geld sparen kann.

Verkaufen Sie dem Kunden daher etwas, wenn er schon einmal da ist. Stellen Sie sich die Frage: *„Was können wir tun, um das zu schaffen?“* Eine Menge Antworten darauf finden Sie auch unter den übrigen Tipps in diesem Buch.

9 – Schauer gibt es nicht

In eine ähnliche Kerbe schlägt dieser Tipp. Immer wieder höre ich von Einzelhandelsverkäufern, dass jemand, der ins Geschäft kam und wieder ging, ohne gekauft zu haben, lediglich ein „Schauer“ war.

Damit ist es – verständlicherweise – nicht schlimm, wenn er geht, ohne etwas zu erwerben. Es war ja ohnehin kein Kunde.

Vergessen Sie die Idee, dass Menschen „nur mal zum Schauen“ kommen. Jeder, der interessiert genug ist, zu Ihnen ins Geschäft zu kommen, ist auch ein potenzieller Käufer – selbst, wenn er beim Betreten Ihres Geschäftes noch keine feste Kaufabsicht haben sollte.

Streichen Sie für sich und vor allem auch für Ihre Mitarbeiter diese Bezeichnung aus dem Wortschatz. Allzu oft wird sie nur als Ausrede dafür gebraucht, dass man es offenbar nicht geschafft hat, dem Besucher etwas zu verkaufen.

10 – Nehmen Sie jeden Kunden wahr

Sorgen Sie dafür, dass jeder Kunde begrüßt und wahrgenommen wird. Das heißt selbstverständlich nicht, überfallsartig auf ihn loszustürmen, sobald er Ihr Geschäft betritt. Vielmehr geht es darum, ihn ankommen und sich kurz orientieren zu lassen und ihn dann nach angemessener Zeit – je nach Geschäft zwischen fünf Sekunden und einer Minute – willkommen zu heißen.

Besonders dann, wenn gerade viel los ist, ist es wichtig, dass jeder Kunde wahrgenommen wird, und sei es nur durch einen kurzen Blickkontakt, verbunden mit einem freundlichen Lächeln, durch ein Kopfnicken oder ein Handzeichen aus der Ferne. Aufgrund solcher Gesten sind die Kunden bereit, auch mal länger zu warten, bis sie selbst an der Reihe sind.

Geben Sie dem potenziellen Kunden dabei zu verstehen, dass Sie so rasch wie möglich persönlich mit ihm sprechen werden. Diese Art persönlicher Bindung reduziert deutlich die Wahrscheinlichkeit, dass er das Geschäft verlässt, ohne etwas gekauft zu haben.

Denn zu gehen, nachdem man sich mit einem Verkäufer „verabredet“ hat, noch bevor man mit ihm sprechen konnte, wird tendenziell als unhöflich empfunden. Zu gehen würde dann ein schlechtes Gewissen verursachen (zumindest ein wenig).

11 – Finden Sie heraus, was der Kunde will

Führen Sie eine ausführliche Bedarfserhebung beim Kunden durch, bevor Sie ihm etwas anbieten. Das verstärkt die Kundenbeziehung sehr und erhöht die Wahrscheinlichkeit, dass Sie zum idealen Produkt für den Kunden greifen.

Gute Fragen zu stellen sowie genau und aufmerksam zuzuhören sind die geeigneten Mittel dafür. Was die Fragetechnik angeht, so ist das Buch „Fragetechnik … schnell trainiert“ von Vera F. Birkenbihl sehr zu empfehlen. (https://amzn.to/2RGvoUO)

Mystery Shoppings und Studien zeigen leider immer wieder, dass genau das in der Mehrzahl der Kundenkontakte im Einzelhandel sträflich vernachlässigt wird. Wenn Sie es tun, gehören Sie damit automatisch zum Spitzenfeld.

Hinzu kommt, dass eine professionelle und ausführliche Bedarfsanalyse Ihnen bei der Umsetzung der nächsten Strategie hilft.

12 – Halten Sie den Kunden im Gespräch und im Geschäft

Die Kaufwahrscheinlichkeit steigt mit zunehmender Dauer des Aufenthaltes des Kunden in Ihrem Geschäft, wie Studien zeigen. Sorgen Sie daher dafür, dass Ihr Kunde länger im Geschäft bleibt.

Was genau „länger“ bedeutet, ist natürlich auch abhängig davon, was Sie verkaufen. Das gelingt Ihnen durch:

- Small Talk
- solide Bedarfserhebung
- ausführliche Produktpräsentation und -vorführungen
- Produkttests, Anproben und Verkostungen durch den Kunden
- bei großen Geschäften: Steuerung des Kundenlaufes im Geschäft, sodass er möglichst viel von Ihrem Geschäft sehen muss (z. B. häufig verkaufte Standardartikel nicht ganz vorne, sondern eher hinten im Geschäft präsentieren)

13 – Lassen Sie Ihren Kunden aktiv werden

Oftmals herrscht die Meinung vor, man müsse dem Kunden möglichst alles abnehmen. Etwaige Hürden aus dem Weg zu schaffen und die Latte auf diese Weise niedrig zu legen, kann in gewissen Situationen schon Sinn machen.

Gleichzeitig ist in vielen Fällen genau das Gegenteil zu empfehlen. Lassen Sie den Kunden im Zuge des Verkaufsgespräches selbst aktiv werden. Wenn er sich selbst einbringt, dann ist das – unbewusst – schon so etwas wie eine stumme Zustimmung. Konkret kann das bspw. bedeuten:

- Lassen Sie den Kunden etwas ausfüllen.
- Lassen Sie den Kunden das Produkt selbst ausprobieren.
- Bitten Sie den Kunden, das Produkt selbst aus dem Regal zu heben (vor allem bei schwereren Produkten, weiblichen Verkäuferinnen und männlichen Kunden).

14 – Stellen Sie immer die Abschlussfrage

Viele Kunden sagen von sich aus: *„Ich will das haben!"* Doch was, wenn nicht? Bei Mystery Shoppings zeigt sich immer wieder, dass zu viele Verkäufer keinen Abschlussversuch wagen, wenn der Kunde nicht selbst aktiv wird.

Das wiederum führt oftmals dazu, dass der Kunde das Geschäft verlässt, ohne gekauft zu haben. Schade.

Aus diesem Grund sollte es in Ihrem Geschäft die Regel sein, immer einen Abschlussversuch zu wagen. Funktioniert das jedes Mal? Nein, natürlich nicht. Im schlimmsten Fall kauft der Kunde dennoch (noch) nicht und Sie sind so weit wie vorher – aber im Schnitt werden Sie auf diese Weise Ihre Kaufquote deutlich steigern.

Ein paar mögliche Abschlussfragen sind:

- *„Bleibt es dabei?"*
- *„Wollen Sie ... haben?"*
- *„Wie wollen Sie bezahlen – bar oder mit Karte?"* (eine indirekte Abschlussfrage)
- *„Was brauchen Sie denn noch dazu?"* (ebenfalls indirekt)
- *„Gibt es noch irgendetwas, das Sie davon abhält, sich für ... zu entscheiden?"* (Hier bringt ein Nein den Umsatz.)

Woran scheitert es dann? Meistens am fehlenden Mut der Verkäufer! Der Kunde könnte ja Nein sagen. Doch wäre das wirklich so schlimm?

Auf ein offen ausgesprochenes Nein können Sie immerhin noch reagieren. Somit wäre die Frage *„Was konkret hält Sie noch davon ab?"* eine mögliche Reaktion darauf.

Wenn der Kunde aber Nein denkt und Ihr Geschäft verlässt, ohne es Ihnen zu sagen, dann ist er vermutlich weg und Sie können nichts mehr tun. Stellen Sie daher Abschlussfragen und holen Sie sich Ihre Neins ab. Es wird auch immer wieder ein Ja dabei sein.

15 – Bieten Sie dem Kunden das Allerbeste an

Studien zeigen, dass der Durchschnittsumsatz deutlich steigt, wenn den Kunden immer zuerst das beste (bzw. das höchstpreisige) Produkt angeboten wird. Gleichzeitig zeigt die gelebte Verkaufspraxis im Einzelhandel, dass viele Verkäufer Ihren Kunden das Beste nicht zumuten.

Oft aus guter Absicht machen sie sich zum Beschützer des Kunden und versuchen, ihn vor zu hohen Ausgaben zu bewahren. Sie bieten daher bevorzugt Aktionsartikel oder Produkte im mittleren bzw. unteren Preisbereich an.

Doch Ihre Kunden sind alt genug und können selbst entscheiden, wofür sie ihr Geld ausgeben und wie viel, denken Sie nicht? Geben Sie ihnen daher die Möglichkeit, das auch zu tun. Für Ihre Kunden sollte das Beste gerade gut genug sein – und für Ihren Umsatz ist es das ganz sicher.

Preisangst des Verkäufers

Hinzu kommt oft auch die Angst des Verkäufers, der sich das beste Produkt vielleicht selbst nicht leisten kann – oder besser gesagt: nicht leisten will –, den Kunden zu verlieren, wenn er zu hochpreisig anbietet.

Doch wenn Sie das mit etwas Fingerspitzengefühl machen, ist diese Gefahr sehr gering. Sollte dem Kunden ein Preis zu hoch sein, können Sie ja immer noch auf ein etwas günstigeres Angebot wechseln.

Gehen Sie daher konkret wie folgt vor:

1. Machen Sie eine ausführliche Bedarfsermittlung und lernen Sie den Kunden so gut wie möglich kennen.
2. Steigen Sie dann (nach Ihrer Einschätzung) etwas oberhalb der gefühlten Schmerzgrenze des Kunden mit Ihrer Produktpräsentation ein (es muss also nicht das absolut teuerste Produkt im Sortiment sein).
3. Achten Sie auf die Reaktion des Kunden. Wenn Sie merken, dass das zu viel des Guten war, können Sie auf das nächstgünstigere Produkt wechseln.

Upselling-Potenzial nutzen

Sollten Sie nicht oben begonnen haben (weil der Kunde z. B. schon mit einer ganz bestimmten Produktvorstellung ins Gespräch eingestiegen ist), dann sollten Sie in jedem Fall die Möglichkeit für ein Upselling nutzen und höherwertige/höherpreisige Produkte anbieten.

Wie genau Sie das machen können, erfahren Sie im Beitrag „Upselling – 10 erprobte Upsell-Strategien für mehr Umsatz“: https://www.romankmenta.com/upselling/

16 – Erhöhen Sie den Umsatz pro Kunde durch Zusatzverkäufe

Viel zu selten werden Kunden auf mögliche weitere Produkte oder Leistungen angesprochen – auch „Zusatzverkauf“ oder „Cross Selling“ genannt. Je nach Branche und Sortiment können das z. B. sein:

Services

- Serviceverträge
- Garantieverlängerungen
- Transport und Zustellung
- Aufbau und Installation
- weitere ergänzende Leistungen (z. B. Ausflüge zur gebuchten Reise)

Produkte

- Verbrauchsmaterial
- Zusatzausstattung
- Zubehör
- Reserveteile (falls etwas kaputt wird)
- weitere passende, ergänzende Produkte

In den meisten Branchen gibt es endlos viele Möglichkeiten für Zusatzverkäufe. Damit ein solcher Zusatzverkauf gelingt, müssen Sie allerdings mit System vorgehen:

1. Machen Sie einen Plan, welche Zusatzverkäufe zu welchen Produkten oder Leistungen passen.
2. Gruppieren Sie Ihr Sortiment (im Geschäft, online und in gedruckten Unterlagen wie Katalogen) so, dass die Zusatzprodukte gemeinsam mit dem Hauptprodukt präsentiert werden.
3. Legen Sie eine Strategie fest, wie und wann Sie Kunden auf Zusatzprodukte ansprechen (wie es McDonald's mit der

berühmten Apfeltasche gemacht hat, auf die jeder Kunde an der Kassa angesprochen wurde).

4. Systematisieren Sie Ihren Zusatzverkauf auf Basis dieser Strategie. Es darf nicht dem Zufall überlassen bleiben, ob ein Kunde die Möglichkeit erhält, mehr Geld bei Ihnen auszugeben.

Das funktioniert nur mit System. Im einfachsten Fall kann so ein System jenes von der besagten Apfeltasche sein: JEDER Kunde wird konsequent an der Kassa darauf angesprochen.

Mehr dazu, wie Sie Cross Selling in Ihrem Geschäft praktisch umsetzen können, erfahren Sie im Beitrag „Cross Selling als Geheimwaffe – 12 wirksame Strategien, um Ihr Cross-Selling-Potenzial sofort zu nutzen“:
https://www.romankmenta.com/cross-selling/

Der Preis ist heiß

Der Preis ist das meistbeachtete, gleichzeitig aber auch das am stärksten unterschätzte Marketinginstrument des Handels. Was bedeutet das?

Meistbeachtet deshalb, weil die Mehrheit der Unternehmen niedrigere Preise nutzt, um die Nachfrage anzukurbeln und die Umsätze zu steigern – in Stück wie in Wert.

Am stärksten unterschätzt deshalb, weil den meisten bei dieser Strategie nicht bewusst ist, dass in vielen Fällen dabei auch die Margen und Erträge sinken. Oft dramatisch. Die Hebelwirkung des Preises für den Gewinn ist – besonders bei schmalen Margen – enorm.

Man könnte auch sagen:

„Niedrige Preise bekommen im Handel zu viel, hohe Preise zu wenig Aufmerksamkeit."

Wie stark sich kleinste Änderungen beim Preis auf Ihre Margen, Deckungsbeiträge und Umsatzrenditen auswirken, habe ich in einem früheren Abschnitt dieses Buches bereits dargestellt.

Nicht um jeden Preis

Diesem Thema habe ich ein ganzes Buch – „Nicht um jeden Preis: Mehr Gewinn, mehr Wert, mehr Freude im Business" – gewidmet. Darin finden Sie Strategien und Ideen für Geschäftsmodelle, die Sie von Preisverhandlungen und Preiskämpfen mit Mitbewerbern möglichst fernhalten.

Ein Buch, das jeder Unternehmer, dem seine Margen und Erträge wichtig sind, unbedingt lesen sollte.

Hier können Sie das Buch als gebundene Ausgabe, als E-Book im Kindle-Format, als Hörbuch auf CD oder auch als Hörbuch zum Download auf Audible erwerben:

https://amzn.to/2XftNq2

Nachfolgend finden Sie die wichtigsten Strategien für mehr Umsatz, aber vor allem für mehr Deckungsbeitrag und Marge im Handel, die Sie in Verkaufsgesprächen einsetzen können.

17 – Sagen Sie öfter Nein

Die profitabelste Variante, mit Forderungen Ihrer Kunden nach einem niedrigeren Preis umzugehen, ist jene, Nein zu sagen und die Preisreduktion abzulehnen – und natürlich das Geschäft trotzdem zu machen.

Das wird zwar nicht immer gelingen, aber immer wieder. Viele Kunden fragen nach einem Nachlass, ohne diesen allerdings ernsthaft zu fordern.

Das Nein sollte daher im Normalfall Ihre erste Reaktion auf einen Preiseinwand bzw. eine Rabattforderung des Kunden sein. Natürlich sollte es kein schroffes und hartes, sondern vielmehr ein empathisches, ein verständnisvolles, aber dennoch klares Nein sein. Wie das geht, zeige ich Ihnen anhand eines Beispiels:

- Kunde: *„Wie viel Rabatt können Sie mir denn da noch geben?“*
- Verkäufer: *„Danke für Ihre Offenheit, was Ihre Preisvorstellungen angeht. Ich kann das absolut nachvollziehen. Ich an Ihrer Stelle würde diese Frage wahrscheinlich ebenfalls stellen. Um auch meinerseits ganz offen zu sein: Preislich kann ich da für Sie nichts mehr machen. Ich verspreche Ihnen aber, dass ich mir die allergrößte Mühe geben werde, damit Sie von Ihrem Einkauf und dem Produkt begeistert sind.“*

So oder so ähnlich könnte ein empathisch formuliertes Nein klingen. Sie können (und sollten) das aber mit Ihren eigenen Worten formulieren, damit es für Sie rund klingt und auch authentisch wirkt.

Werden Sie mit dem Nein immer durchkommen? Wie oben erwähnt natürlich nicht. Daher gibt es eine Reihe weiterer Strategien und Vorgehensweisen.

18 – Zugaben statt Nachlässe

Eine weitere Strategie bei Preisforderungen ist die folgende: Anstatt den Preis wie vom Kunden gewünscht zu senken, arbeiten Sie mit preisreduzierten oder kostenlosen Zugaben anstelle von Nachlässen. Das kostet Sie meist weniger und bietet gleichzeitig dem Kunden einen Mehrwert. Eine Win-win-Situation sozusagen.

Idealerweise empfehlen Sie dabei etwas, das für den Kunden möglichst wertvoll ist und Sie möglichst wenig kostet. Nehmen Sie etwas, das der Kunde ohnehin nicht gekauft hätte. Dafür bieten sich z. B. an:

- Serviceverträge
- Garantieverlängerungen
- Transport und Zustellung
- Aufbau und Installation
- Verbrauchsmaterial
- Zusatzausstattung
- Zubehör
- Reserveteile (falls etwas kaputt wird)
- höherpreisige Produkte zum selben Preis

Das hat für Sie den Vorteil, dass es im Normalfall so sein wird, dass Ihre Kosten (z. B. Einkaufspreise der Zubehörteile) niedriger sind als der Wert für den Kunden (Listenverkaufspreis des Zubehörteils). Achten Sie dabei aber genau auf die Kalkulation.

19 – Lassen Sie andere für Ihre Zugaben zahlen

Sie müssen für diese Zugaben allerdings nicht einmal selbst bezahlen. Warum treffen Sie keine Vereinbarung mit einem anderen Unternehmen, das die gleiche Kundenzielgruppe wie Sie hat, aber kein Mitbewerber ist? (Beispiel: der Grillgeräte-Händler und der Metzger)

Der andere Unternehmer könnte Ihnen kostenlos Gutscheine geben, die Sie als Zugaben verwenden. Nutzt Ihr Kunde diesen Gutschein, gewinnen alle; nutzt er ihn nicht, sind keine Kosten entstanden.

Eine weitere Variante wäre es auch, diese Fremdleistungen zu sehr günstigen Tarifen einzukaufen, um sie dann als Zugaben zu verwenden.

Bei Fremdleistungen als Zugaben eignen sich übrigens solche gut, die für Ihren Kunden zwar (sehr) attraktiv sind, die er sich allerdings nicht selbst kaufen bzw. leisten würde.

Einen Gutschein für ein Dinner for Two im Hauben- bzw. Sterne-Lokal können Sie über die richtigen Kanäle bzw. im Rahmen einer Kooperation für sehr viel weniger Geld erwerben, als Ihr Kunde für einen solchen Abend dort bezahlen würde.

20 – Gutscheine statt Nachlässe

Gutscheine habe ich im vorherigen Tipp als Instrument einer Marketingkooperation mit anderen Unternehmen bereits angesprochen. Diese haben jedoch noch mehr Potenzial.

Auch Sie selbst können – als Alternative zu einem Preisnachlass – Gutscheine ausgeben. Diese haben folgende Vorteile für Sie:

- Sie brauchen keinen Nachlass zu geben und haben daher nicht weniger Umsatz und Deckungsbeitrag.

- Die Preise werden nach außen unverändert gehalten. Preise, die erst einmal reduziert wurden, wieder auf das normale Niveau zu erhöhen, ist oft nicht einfach.
- Die Gutscheine selbst verursachen Ihnen kaum bis keine Kosten.
- Die Gutscheine sind erst bei einem Folgekauf einlösbar und fördern daher die Kundenbindung.
- Gutscheine könnten auch übertragbar sein. Sollte Ihr Kunde den Gutschein also weitergeben, dann haben Sie die Chance, einen neuen Kunden zu gewinnen.
- Wenn der Kunde den Gutschein einlöst, dann machen Sie (zusätzlichen) Umsatz, wobei sich der Wert des Gutscheins als Abzug rechnerisch auf zwei Käufe verteilt. Die prozentuelle Belastung Ihres Umsatzes durch diese Art Nachlass ist also geringer.

Gutscheine sind somit in manchen Bereichen des Handels ein gutes Instrument, um einfache Preisnachlässe zu ersetzen. Das trifft besonders dort zu, wo Kunden nicht regelmäßig kaufen, in größeren Zeitabständen kaufen bzw. immer wieder wechseln (Bekleidung, Einrichtung, Kfz etc.).

Lassen Sie allerdings aus Gutscheinen kein Instrument werden, das dauernd und an viele Kunden ausgegeben wird. Dadurch werden diese entwertet und der Effekt verpufft (ganz abgesehen davon, dass diese Vorgehensweise für Sie viel zu teuer wird).

118 Antworten auf Preiseinwände

Wie bereits erwähnt, gibt es natürlich noch sehr viel mehr Möglichkeiten, wie Sie mit Rabattforderungen des Kunden, mit Preisvergleichen oder Preiseinwänden aller Art umgehen können.

Die umfangreichste Sammlung passender Strategien dafür finden Sie im Buch „Zu teuer! – 118 Antworten auf Preiseinwände: Für jede Preisverhandlung die passende Einwandbehandlung", das Sie hier als Buch oder als E-Book bekommen: https://amzn.to/2FJSpkL

Als Amazon-Partner verdiene ich an qualifizierten Verkäufen.

C.

Positionierung und Differenzierung

Eine der besten Strategien (wenn nicht sogar DIE beste) gegen schwache Margen ist es, sich vom Mitbewerb abzuheben. Je weniger vergleichbar sie sind, desto weniger werden Ihre Kunden Preise vergleichen. Warum? Weil es schwieriger und bisweilen sogar unmöglich ist.

Doch wie können Sie sich in einer Zeit, in der es schon fast alles zu geben scheint, von Ihrer Konkurrenz abheben?

Meistens wird dabei im Handel nur an unterschiedliche Produkte bzw. Sortimente gedacht. Diese sind zwar ein interessanter Bereich, um sich vom Mitbewerb zu differenzieren und gleichzeitig höhere Margen zu erwirtschaften, doch bei Weitem nicht der einzige.

Unterschiede können in allen möglichen Bereichen Ihres Geschäftes liegen. Ein paar der für den Handel am besten geeigneten sind:

- die Differenzierung einzelner Produkte und/oder Warenbereiche bzw. des gesamten Sortiments
- Anbieten von bestimmten Garantien, mit denen Sie sich vom Mitbewerb unterscheiden
- sehr hohe Beratungsqualität
- Kundenservice in den Mittelpunkt stellen

- besondere Garantien bieten

Zu allen genannten Varianten, um sich vom Mitbewerb zu unterscheiden und positiv aufzufallen, finden Sie nachfolgend konkrete Strategien und Tipps.

21 – Differenzieren Sie Ihr Sortiment

Die Produkte, die Sie führen, stellen eine ganz wesentliche Möglichkeit dar, sich vom Mitbewerb zu unterscheiden. Gerade in einer Zeit, in der die großen Ketten die Handelslandschaft dominieren und immer mehr alle dasselbe zu führen scheinen, fallen Sie mit anderen Produkten relativ rasch und einfach positiv auf.

Um Ihr Sortiment von Ihren Mitbewerbern zu differenzieren, haben Sie mehrere praktische Möglichkeiten:

- Sichern Sie sich eine gewisse (geografisch eingeschränkte) Exklusivität bei bestimmten Herstellern.

- Werden Sie selbst zum Hersteller und lassen Sie Ihre eigenen Produkte als privates Label produzieren.

- Bieten Sie weniger von mehr: weniger Sortimentsbreite, aber mehr Sortimentstiefe.

Ein paar genauere Erklärungen zu diesen Strategien nun im Einzelnen.

22 – Sichern Sie sich Exklusivität bei bestimmten Herstellern

Viele Hersteller sind durchaus bereit, ihren Handelspartnern eine gewisse geografische Exklusivität einzuräumen. Jetzt könnte man meinen, dass es das Beste wäre, wenn Sie der Einzige sind, der ein Produkt führt.

Das hat natürlich viele Vorteile, vor allem dann, wenn das Produkt so attraktiv ist, dass es sich (fast) von selbst verkauft.

Gleichzeitig profitieren aber alle davon, wenn ein Produkt, ein Sortiment bzw. eine Marke eine gewisse Verbreitung im Markt hat. Das erhöht den Bekanntheitsgrad und erleichtert damit die Verkaufbarkeit der Ware.

Dennoch kann es Sinn machen, sich eine möglichst weit gefasste Exklusivität für ein Produkt, ein Sortiment oder sogar eine Marke einräumen zu lassen. Das wird Ihnen bei sehr etablierten Marken schwerer gelingen als bei neuen, die in einem Markt erst Fuß fassen müssen. Bei manchen mit einem hohen Verbreitungsgrad wird es gar nicht funktionieren.

Werden Sie zum Trendscout

Wenn Sie diese Strategie betreiben wollen, dann müssen Sie zum Trendscout werden und ständig auf der Suche nach neuen Produkten und Marken sein, die Sie in Ihr Sortiment aufnehmen und verkaufen können.

Eine Zeit lang werden Sie dafür größere Exklusivität erhalten. Im Laufe der Zeit, sobald die Bekanntheit der Marke steigt, wird das Handelsnetz jedoch dichter und der Raum, wo Sie der Einzige sind, der dieses Sortiment führen darf, wird kleiner.

Damit erhöht sich wiederum die Wahrscheinlichkeit für Preiskämpfe und Preisaktionen für diese Produkte.

Als sehr gut schätze ich Ihre Chancen, weitgehende Exklusivität eingeräumt zu bekommen, übrigens vor allem dann ein, wenn Sie auf einen Hersteller zugehen, der vielleicht noch gar nicht angedacht hat, in Ihr Land zu expandieren. Wenn Sie ihm ein (für ihn) einfaches

Zusatzgeschäft bieten können, stehen die Chancen gar nicht schlecht, Exklusivität zu erhalten.

Die Welt ist ein Dorf geworden

Erschwerend kommt hinzu, dass durch Onlineshops die Welt mehr und mehr zum Dorf wird und geografische Exklusivitäten nicht mehr so wirksam sind wie früher.

Daher müssen Sie die Onlinevertriebskanäle im Auge behalten. Manche Hersteller schaffen es besser, andere hingegen gar nicht, das „Verramschen" über den Onlinevertrieb zu verhindern.

Eine andauernde Exklusivitätsstrategie zu betreiben bedingt also, dass Sie kontinuierlich daran arbeiten. Andererseits ist es in der heutigen Wirtschaft ohnehin generell so, dass es kaum noch Lorbeeren gibt, auf denen man sich sehr lange ausruhen kann.

23 – Werden Sie selbst zum Hersteller

Diese Strategie, um Ihr Sortiment zu differenzieren, ist wahrscheinlich noch nachhaltiger als die zuletzt beschriebene – gleichzeitig aber auch aufwendiger. Während Sie bei der vorherigen Strategie die fertigen Produkte geografisch exklusiv vertreiben, idealerweise vom Hersteller auch Werbematerial, Shop-Dekomaterial, Fotos usw. erhalten und „nur noch" verkaufen müssen, gibt es für Sie bei dieser Strategie mehr zu tun.

Das sollte Sie allerdings nicht davon abhalten, Ihre eigenen Produkte und Sortimente zu entwickeln, herstellen zu lassen und zu verkaufen. Es ist sehr viel einfacher als noch vor ein paar Jahren und nicht annähernd so kostspielig, wie man annehmen könnte – ganz abhängig davon, was genau Sie tun.

Die Bandbreite Ihrer Möglichkeiten reicht dabei

- von der Schaffung einer eigenen Marke, indem Sie ein bereits existierendes Produkt nehmen und mit Ihrer bzw. einer eigens dafür kreierten Marke versehen lassen (und schon haben Sie ein „einzigartiges“ Produkt),

- über die völlige Neuentwicklung und Produktion eines Produktes (die zwar aufwendigere, aber dafür nachhaltigere Variante)

- bis zur Etablierung einer richtigen Marke, die dann (auch längerfristig) exklusiv nur bei Ihnen erhältlich ist (wie es große Einzelhandelsketten mit ihren Eigenmarken vormachen).

Der Einkauf für alle diese Vorgehensweisen ist übrigens auch bereits in recht kleinen Mengen – natürlich wieder abhängig vom Produkt – möglich.

Ein Bekannter von mir, der zwei Augenoptik-Geschäfte betreibt, erzählte mir schon vor drei Jahren, dass er seine Eigenmarken-Brillenfassungen in Mengen von nur 25 Stück pro Modell zu sehr ansprechenden Preisen bezieht.

Womit wir wieder beim Thema sind. Was diese Strategie so spannend macht, ist die Möglichkeit, sehr hohe Margen und Deckungsbeiträge zu erzielen.

Die genaue Vorgehensweise beim Aufbau einer eigenen Marke würde den Rahmen dieses kurzen Ratgebers eindeutig sprengen. Ein paar hilfreiche Links dazu finden Sie aber im Ressourcenbereich zu diesem Buch.

24 – Bieten Sie mehr von weniger

Eine eher selten genutzte Variante bei der Sortimentsgestaltung ist jene, die Sortimentsbreite zu reduzieren und dafür wirklich in die Tiefe zu gehen. Was bedeutet das konkret?

Ein Beispiel: Statt als Eisenwarengeschäft wie üblich Haushaltswaren, Werkzeug, Gartengeräte, Schrauben etc. anzubieten und dabei von allem etwas zu haben, suchen Sie sich einen bestimmten Bereich heraus, z. B. Schrauben, und bieten dort ALLES an. Zumindest alles, was irgendjemand brauchen könnte.

Natürlich gehören in ein solches Schraubensortiment auch folgende Produkte:

- Schrauben in verschiedensten Metallen und anderen Materialien
- die passenden Dübel
- Muttern (dürfen natürlich nicht fehlen)
- Schraubenzieher (bzw. Schraubendreher) – manuell wie elektrisch
- Schraubaufsätze für Bohrmaschinen
- Abdeckkappen für Schraubenköpfe in verschiedenen Designs
- Mittel, um festgefressene Schrauben zu lösen
- evtl. auch das Lösen von Schrauben als Dienstleistung
- die Maßanfertigung von Schrauben für ganz spezielle Einsatzbereiche
- Bücher über Schrauben und Schraubverbindungen (ja, auch das gibt es) – vielleicht schreiben Sie sogar selbst eines
- Videos über den richtigen Umgang mit Schrauben (vor allem als Marketinginstrument auf YouTube etc.)

- in Kombination mit der vorherigen Strategie: eigene Schraubendesigns, die sonst niemand hat

Jemand, der mehr Ahnung von Schrauben hat, wird diese Liste wahrscheinlich noch um eine Reihe zusätzlicher Ideen erweitern können, was alles in so einem Schraubengeschäft geführt werden sollte.

Konsequenterweise müssten Sie dann die übrigen Warenbereiche (weitestgehend) reduzieren oder ganz weglassen.

Das soll jetzt keine Empfehlung zugunsten eines Schraubensortimentes sein, obwohl ich mir vorstellen kann, dass die Margen im Detailverkauf von Schrauben richtig gut sein könnten ... wie so oft bei niedrigpreisigen Produkten.

Ob sich das Geschäft mit den Schrauben rechnen würde, hängt ganz von Ihrem Standort und anderen Faktoren ab. Genauso könnten Sie sich als Eisenwarengeschäft auf Töpfe und Pfannen oder Gartenzäune spezialisieren.

Das Prinzip hinter dieser Strategie ist jedoch immer dasselbe. Bieten Sie wenig, aber von dem Wenigen alles – das macht Sie kompetent und attraktiv. Nicht zuletzt deshalb, weil Ihre Kunden gerne zu Ihnen kommen und auch einmal eine weitere Wegstrecke auf sich nehmen, denn sie wissen: Was immer sie brauchen, Sie führen es in Ihrem Geschäft.

25 – Auffallen durch Garantien

Eine weitere spannende Möglichkeit, um sich vom Mitbewerb zu unterscheiden, sind Garantien. Kunden sind unsicher, wenn sie eine Kaufentscheidung treffen.

„Ist diese Wahl die richtige oder werde ich meine Entscheidung bereuen?“, fragen sie sich. Diese Unsicherheit steigt natürlich mit der Höhe des Preises.

Garantien helfen, Unsicherheit zu reduzieren bzw. ganz zu eliminieren. Dadurch wird Ihr Angebot attraktiver und der Wert steigt. Und für einen höheren Wert können Sie letztlich einen höheren Preis verlangen.

Damit sich die Garantie positiv auf Ihre Margen und auf Ihren Umsatz auswirkt, muss die Preisdifferenz (zu Ihren Gunsten) etwaige Zusatzkosten, die durch die Garantie entstehen, mehr als ausgleichen.

Dabei spreche ich nicht von den normalen, handelsüblichen Garantien, die das Gesetz ohnehin vorschreibt, sondern von darüber hinausgehenden, ungewöhnlichen Garantien, die das Branchenübliche weit übertreffen.

Mein Lieblingsbeispiel zu diesem Thema ist die Garantie von „BUGS“ Burger Bug Killers, Inc., einem Schädlingsbekämpfer aus den USA (mit vielen Kunden im Bereich Hotellerie und Gastronomie), der eine geradezu monumentale Garantie anbietet.

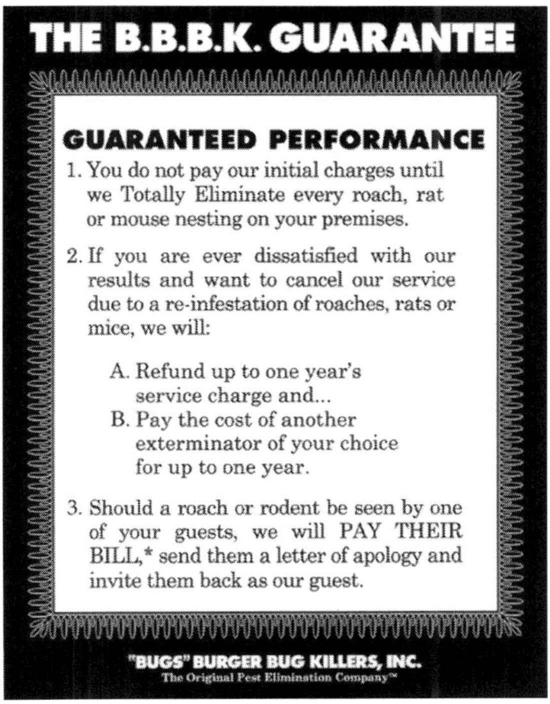

Wofür wird garantiert bzw. was ist die Leistung des Unternehmens im Garantiefall? Sollte der Garantiefall eintreten (d. h. der Gast Ungeziefer in seinem Bett oder in seinem Essen vorfinden), dann …

- zahlt der Kunde nichts, bis alles Ungeziefer restlos ausgelöscht wurde;
- kann der Kunde, wenn er damit unzufrieden ist und den Vertrag beenden möchte,
    - die Rückerstattung von bereits bezahlten Honoraren von bis zu einem Jahr einfordern und
    - die Kosten für die Inanspruchnahme eines anderen Schädlingsvernichters bis zu einem Jahr erstattet bekommen;
- übernimmt BUGS die Kosten des Gastes, der sich beschwert hat;
- entschuldigt sich BUGS beim Gast schriftlich und
- lädt den Gast erneut auf eigene Kosten ein, sobald das Problem bereinigt wurde.

„Wie kann sich BUGS eine solche Garantie leisten?“, werden sich viele von Ihnen zu Recht fragen. Die Antwort lautet:

- Das Unternehmen muss extrem gut sein bei seiner Dienstleistung und
- seine Preise betragen ein Mehrfaches von jenen der Konkurrenz.

Natürlich sind mehrfache Preise im Handel mit vergleichbaren oder gleichen Produkten kaum vorstellbar. Das Prinzip allerdings ist auch auf den Handel anwendbar. Wenn Sie dadurch um ein paar Prozent mehr im Preis herausholen, wird das wahre Wunder für Ihre Margen und Erträge bewirken.

Ein Optiker hat erst vor Kurzem in einem Beratungsgespräch mit mir eine stark erweiterte Rücknahmegarantie für Brillen, auch für optische, beschlossen. Nach einer kurzen Kalkulation stellte er fest, dass die Kosten für einen Garantiefall nicht so hoch sind, wie man meinen könnte – der Nutzen für den Kunden hingegen ist enorm.

Außerdem erspart er sich eine Menge nervenaufreibender Diskussionen mit Kunden, die eine Brille retournieren möchten. Allein das ist ihm schon sehr viel wert.

Es zeigt sich übrigens immer wieder, dass der Prozentsatz jener Kunden, die diese Art von Garantien unangemessen ausnutzen, verschwindend gering ist. Für den Einzelhandel bieten sich z. B. Garantien folgender Art an:

- zeitlich unbegrenztes oder großzügig bemessenes Rückgaberecht (das auch als Testphase für ein Produkt kommuniziert werden könnte)
- verlängerte Qualitäts- bzw. Funktionsgarantien: Wann immer das Produkt kaputt wird, es wird (evtl. sogar kostenlos – abhängig vom Produkt) repariert.
- Auch die Mobilitätsgarantie verschiedener Autohersteller bzw. -händler ist ein interessanter Ansatz.

Abhängig von Ihrem Geschäft, Standort, Zielpublikum, Sortiment etc. fallen Ihnen sicherlich noch weitere Ideen für Garantien ein. Rechnen Sie diese vorab durch und testen Sie die beste(n).

Sollte sich die eine oder andere im Praxiseinsatz als nicht zielführend herausstellen, können Sie diese natürlich entweder adaptieren oder ganz abschaffen.

26 – Bieten Sie die allerbeste Beratung

Dieser Tipp geht mit der Strategie # 24 („Bieten Sie mehr von weniger“) Hand in Hand. Wenn Sie sich gänzlich auf einen bestimmten Bereich fokussieren, dann ist die allerbeste Beratung Pflicht!

Dadurch steigern Sie Ihre Kompetenz deutlich, und für mehr – und wirklich kompetente! – Beratung sind selbst bei sehr vergleichbaren oder gar gleichen Produkten auch (etwas) höhere Preise und Margen durchzusetzen.

27 – Service is King

Und auch dieser Tipp für höhere Erträge passt zu Tipp # 24 sowie zum vorhergehenden. Der Kundenservice wird im Einzelhandel oft sträflich vernachlässigt. Er wird oft als lästiges Übel angesehen, das nur kostbare Zeit frisst und unnötige zusätzliche Arbeit verursacht.

Dabei ist das Gegenteil der Fall. In Zeiten, in denen Produkte immer vergleichbarer werden, bleibt der Service oft die einzige Möglichkeit, sich spürbar zu unterscheiden und aus der Masse der Anbieter positiv hervorzustechen.

Service zu Marketingzwecken eingesetzt (dabei kann es sein, dass dieser noch nicht kostendeckend ist) kann eine große Umwegrentabilität für Sie haben. Er fördert die Kundenbindung und erhöht die Wiederkaufsrate.

„Service Secrets – Was Sie von Dominas und Bestattern über Kundenbegeisterung lernen können“ – in diesem Buch meiner Frau Regina Kmenta – www.reginakmenta.com - finden Sie spannende Serviceansätze aus ganz anderen Branchen.

https://amzn.to/2MzigRF

Als Amazon-Partner verdiene ich an qualifizierten Verkäufen.

Erst vor Kurzem hörte ich von einem exzellenten Beispiel eines Händlers für Grillgeräte. Der Servicemann verkaufte im Rahmen eines Vor-Ort-Services eines alten Grillers gleich zwei nagelneue High-End-Geräte im Wert von etwa 7.000 €.

Natürlich wird das nicht jeden Tag gelingen, aber dieses Beispiel zeigt sehr gut, was möglich ist und welchen Nutzen Service bringt – dem Verkäufer wie auch dem Kunden.

Doch das ist nicht alles. Service sollte vom Handel ebenfalls als Umsatzbringer gesehen werden. Warum nicht mit guten, kreativen, neuartigen Serviceleistungen Geld verdienen?

Soweit ich gehört habe, hat der Elektrohändler *Saturn* die Position eines CSO (Chief Service Officer) geschaffen, um dem Thema „Service“ ein besonderes Gewicht im ganzen Unternehmen zu verleihen.

Gerade in preislich kaputtrabattierten Produktbereichen wie Computer, TV oder auch Autos sind Dienstleistungen der große Ertragsbringer der Zukunft bzw. können sie es sein, wenn der Händler einen entsprechenden Fokus darauflegt. Welche Art Dienstleistungen können das sein?

- Garantieverlängerungen
- Installation
- Transport
- Wartung und Pflege
- Nachrüstung oder Aufrüstung
- Ersatzgeräte-Bereitstellung
- Einschulungen und Weiterbildungen

... und so weiter, um nur einige Beispiele zu nennen. Generell kann es alles sein, was zu Ihrem Sortiment passt und wofür Ihre Kunden Geld auszugeben bereit sind.

Lesen Sie dazu auch den Beitrag „Differenzierungsstrategien für Unternehmer und Selbstständige“: www.romankmenta.com/differenzierungsstrategie/

Das große USP Strategie Buch

Die USP-Finder-Strategie, mit der Sie wirksame Unterscheidungsmerkmale für Ihr Business herausarbeiten, finden Sie in „Das große USP Strategie Buch“. Darüber hinaus beinhaltet das Buch eine riesige Sammlung von über 500 Alleinstellungsmerkmalen aus der Praxis. Für ausreichend Ideen ist also gesorgt.

Hier können Sie das Buch als Kindle E-Book und in gedruckter Version bestellen: https://amzn.to/2xp8DeP

Als Amazon-Partner verdiene ich an qualifizierten Verkäufen.

D.

Produkt und Sortiment

Einige der Strategien, die im vorangegangenen Themenbereich „Positionierung und Differenzierung“ beschrieben wurden, betreffen Produkte und Sortimente. Darüber hinaus finden Sie in diesem Kapitel noch weitere Tipps und Strategien für mehr Umsatz zum Thema „Produkt und Sortiment“.

28 – Schnüren Sie Produktpakete

Packen Sie Produkte und ggf. auch Dienstleistungen zu Angebotspaketen zusammen. Das hat verschiedene Vorteile für Ihren Umsatz und Ihre Erträge.

- Sie kommen ein Stück weit heraus aus der Vergleichbarkeit. Preise einzelner Produkte sind zwischen mehreren Anbietern relativ leicht vergleichbar; Pakete hingegen, die aus einem Produkt, den passenden Zubehörteilen, Verbrauchsmaterialien und Services wie verlängerten Garantien etc. bestehen, sind nur schwer bis gar nicht zu vergleichen.

- Der Überzeugungsaufwand, ein Produktpaket zu verkaufen, ist derselbe wie der, ein einzelnes Produkt zu verkaufen. Der Umsatz ist beim Paket allerdings deutlich höher, und wenn Sie geschickt kalkulieren, ist es der Deckungsbeitrag ebenso.

- Der zeitliche Aufwand im Verkauf ist bei einem Paket geringer, als wenn Sie alle Bestandteile des Paketes separat verkaufen wollten. Sie benötigen nur ein einziges Ja vonseiten des Kunden im Vergleich zu vier, fünf oder sechs Jas – je nachdem, wie viele Bestandteile das Paket umfasst.

29 – Konzentrieren Sie sich auf höherpreisige Produkte

Aus dem bisher Gesagten werden Sie sicherlich bereits geschlossen haben, dass ich kein großer Fan von niedrigen Preisen bin. Neben diversen anderen Nachteilen ist es so, dass sich, betriebswirtschaftlich gesehen, die wenigsten Unternehmer Niedrigpreis- oder Discountstrategien leisten können.

„Billige Preise anzubieten ist einfach.
Mit diesen auch gutes Geld
und hohe Margen zu verdienen,
hingegen schwierig.“

Mit Discountpreisen auf Dauer profitable Geschäfte zu machen ist etwas, das im Handel oft nur wenigen sehr großen Händlern und Handelsketten gelingt. Diese verfügen zudem über eine Einkaufsmacht, die es ihnen ermöglicht, zu niedrigen Preise einzukaufen.

Und trotzdem – selbst viele große Händler haben mit Discountstrategien schon Schiffbruch erlitten und sind in Konkurs gegangen.

Daher empfiehlt es sich gerade für kleinere und mittelständische Handelsbetriebe, sich auf ein höher- bis hochpreisiges Segment zu fokussieren. Ich weiß, dass das eine Strategie ist, die nicht überall (in allen Branchen, Produktbereichen und Standorten) Sinn macht. Allerdings ist diese viel öfter empfehlenswert, als Sie denken.

Das Wunder bei Wunderl

So höre ich z. B. immer wieder, dass in kleineren Orten und ländlichen Gebieten hochpreisige Sortimente nicht verkaufbar sind. Dennoch gibt es eine Reihe von Händlern, die beweisen, dass es sehr wohl funktionieren kann.

Ganz bei mir in der Nähe etwa befindet sich das Schuhhaus *Wunderl* (https://www.wunderl.com/). Die Standorte (es gibt mehrere nebeneinander) sind allesamt in Sollenau angesiedelt, einer kleinen Gemeinde mit nicht einmal 5000 Einwohnern, knapp 40 Kilometer südlich von Wien.

In dieser Situation würden die meisten Schuhhändler ein eher günstiges Sortiment führen, bei dem für Kinder, für Senioren, für Männer, für Frauen, für Fußgänger, Wanderer und Läufer, sprich für alle etwas dabei ist. Muss man ja schließlich in so einer kleinen Gemeinde am Land.

Muss man nicht.

Wunderl hat ein sehr hochpreisiges Sortiment. Schuhe um 400 € oder 500 € und mehr sind der Normalfall. Es werden die Topmarken geführt – und das offenbar sehr erfolgreich, denn das Geschäft gibt es bereits seit Jahrzehnten.

Der Standortnachteil hat sich letztlich als Standortvorteil entpuppt. In Landgemeinden sind die Mieten oder Kaufpreise für Geschäftsflächen natürlich sehr viel niedriger. Der Mangel an klassischer Laufkundschaft, die man in innerstädtischen 1-a-Lagen hat, wurde durch sehr geschicktes Marketing mehr als kompensiert.

Hinzu kommt auch noch ein verkaufspsychologischer Faktor, der aus meiner Sicht sehr wichtig ist: Viele Kunden nehmen den weiten Weg aus Wien auf sich (immerhin 40 km), um beim *Wunderl* Schuhe shoppen zu gehen.

Wenn man also erst einmal da ist, MUSS fast gekauft werden. Denn einen knappen halben Tag mit einem Shopping-Trip aufs Land zu verbringen und dann mit leeren Händen nach Hause zu kommen, wäre mehr als frustrierend.

E.

Werbung

Bei den unterschiedlichen Arten, Werbung zu machen, hat sich in den letzten Jahren unglaublich viel getan. Wo es früher nur die klassischen Werbemöglichkeiten wie Zeitungen, Radio, Plakate etc. gab, findet man heute eine unüberschaubare Flut an Werbekanälen, vor allem in Onlinebereich.

30 – Werben Sie in den digitalen Medien

Große Unternehmen geben viel für bezahlte Werbung in den digitalen Medien aus. Dabei wird in Google, aber auch in sozialen Medien wie Facebook oder Instagram Werbebudget investiert. Das allein sollte ein Indiz dafür sein, dass an dieser Werbeform vielleicht etwas dran ist.

„Ja, aber das sind große Unternehmen", werden viele von Ihnen jetzt vielleicht denken. *„Ich mit meinen zwei Geschäftslokalen bin ja viel zu klein dafür!"* – Ein Einwand, der in diesem Fall nicht zutrifft.

Ich kenne eine Menge Klein- und Kleinstunternehmen (mit Umsätzen von ein paar 100.000 €), die pro Monat 1.000 € bis 5.000 € in Facebook-Werbung stecken. Warum tun sie das? Weil sie wissen, dass sie für jeden Euro, den sie dort investieren, 50 Cent, 80 Cent, 1 Euro oder mehr an Deckungsbeitrag erzielen.

Werbung auf Google oder in den sozialen Medien (ich beziehe mich hier vor allem auf Facebook-Werbung – Facebook Ads –, da diese im

Moment den höchsten Stellenwert in diesem Bereich hat) bringt gerade Ihnen als lokalem Einzelhändler verschiedene Vorteile:

- Sie können nicht nur mit Textbotschaften oder Bildern werben, sondern haben auch die Möglichkeit, sich per Video an Ihre Zielgruppe zu wenden.
- Anders als bei klassischen Werbeformen wie Zeitungen, Plakaten oder Flugblättern haben Sie bei Facebook Ads die Möglichkeit, mit Ihren Kunden in Interaktion zu treten.
- Sie können Ihre Werbung sehr genau und ganz gezielt einschränken und vermeiden auf diese Weise Streuverluste (also das Bezahlen für Werbebotschaften, die bei Personen landen, die nicht in Ihre Zielgruppe fallen). Facebook Ads werden zweckgerichtet jenen Personen gezeigt, die Sie als Kunden haben wollen.

Wenn Sie z. B. ein Modegeschäft für Frauen ab 50 Jahren in Rosenheim betreiben, dann können Sie Ihre Facebook-Werbung genau darauf abstimmen und folgende Kriterien definieren:

  - Rosenheim + Umkreis (10 Kilometer)
  - Frauen
  - Alter: 50–70 Jahre

Und sollte Ihnen das noch zu ungenau sein, können Sie darüber hinaus Interessen, Hobbys etc. definieren, die eine Person haben muss, damit dieser Ihre Werbung überhaupt gezeigt wird.

- Sie können alles, was Sie an Werbung auf diesen Kanälen schalten, ganz genau messen. Das heißt, Sie wissen sehr genau, wie viel an zusätzlichem Umsatz bzw. Deckungsbeitrag Ihnen jeder eingesetzte Werbeeuro bringt.

- Und das Schönste dabei ist: Sie zahlen nur für diejenigen Botschaften, die Ihre potenziellen Kunden auch tatsächlich angeklickt haben.

Wie Google-Werbung, Facebook-Werbung oder Werbung in anderen sozialen Medien genau funktioniert, würde den Rahmen dieses Ratgebers bei Weitem sprengen. Dazu gibt es eine Menge sehr spezifischer Bücher.

Einen Überblick über diese Medien und Möglichkeiten können Sie sich z. B. hier verschaffen:

- „Das Online-Marketing-Cockpit“: https://amzn.to/2XqcVC2

- „Follow me! – Erfolgreiches Social Media Marketing mit Facebook, Instagram, Pinterest und Co.“: https://amzn.to/2Jd6Wb7

Ich höre von Vortragsteilnehmern und Klienten immer wieder, dass viele von ihnen Facebook, Instagram und Co. nicht mögen. Das macht gar nichts – Sie können trotzdem dort erfolgreich werben.

Sie müssen die Social Media also nicht mögen und nicht einmal selbst aktiv nutzen, um dort bezahlte Werbung zu schalten. Sie sollten jedoch nicht zu lange damit warten, denn zurzeit ist Werbung in den sozialen Medien noch relativ günstig und daher zu empfehlen.

Beginnen Sie also möglichst rasch damit, diese Medien als Alternative bzw. als Ergänzung für die Werbung zu nutzen, die Sie bisher machen. Beobachtungen zeigen, dass die Preise für Facebook Ads und ähnliche Werbeformen in den letzten Jahren gestiegen sind und weiter steigen werden.

31 – Holen Sie sich die E-Mail-Adressen ... alle!

Sammeln Sie die E-Mail-Adressen Ihrer Kunden? Konsequent? Von allen? Ich beobachte im Handel immer wieder, dass E-Mail-Adressen von kaufenden Kunden, aber auch von Interessenten selten bis gar nicht gesammelt werden. Und dort, wo sie vielleicht schon gesammelt werden, wird noch viel zu wenig damit gemacht.

Warum ist das Sammeln von Mail-Adressen so wichtig?

- Im Gegensatz zu Facebook-Freunden, Instagram-Kontakten oder auch YouTube-Followern gehören diese Mail-Adressen Ihnen. Sie speichern diese auf Ihrem Computer und niemand (von einem Computercrash einmal abgesehen) kann sie Ihnen wegnehmen.

Sollte Facebook heute entscheiden, die Regeln zu ändern oder Sie zu sperren, weil Sie angeblich gegen Regeln verstoßen haben (was immer wieder passiert), merken Sie sehr rasch, dass Ihre Facebook-Kontakte Facebook gehören und nicht Ihnen.

- Sie haben sehr viele ungenutzte Marketing- und Verkaufsmöglichkeiten mit Mail-Adressen.
- Entgegen vielen Stimmen, dass Mails ja ohnehin niemand mehr liest, ist E-Mail-Marketing nach wie vor eine der besten, effizientesten und direktesten Möglichkeiten, Ihre Kunden zu erreichen.
- Und last, but not least: Die meisten Einzelhändler machen es wenig oder gar nicht. Wenn Sie es tun, dann haben Sie ganz rasch die Nase vorn.

Selbst wenn der Kunde (noch) nicht gekauft hat, ist das kein Grund, sich seine E-Mail-Adresse nicht zu holen.

E-Mail-Adressen sammeln – aber wie?

Um an die E-Mail-Adressen Ihrer Kunden zu kommen, braucht es geeignete Aufhänger. Mit welchen Aufhängern können Sie arbeiten, um an die gewünschte Information zu kommen? Dazu ein paar Ideen bzw. Beispiele:

- Nutzen Sie Gewinnspiele.
- Erheben Sie die E-Mail-Adressen in Verbindung mit (verlängerten bzw. erweiterten) Garantien.
- Bieten Sie eine Kundenkarte an.
- Organisieren Sie Veranstaltungen.
- Sagen Sie direkt, dass Sie die E-Mail-Adresse Ihres Kunden haben wollen, weil Sie immer wieder interessante Infos versenden. Das wird am besten dann funktionieren, wenn Sie eine thematisch sehr eingeschworene Klientel haben:
    - Sammler jeglicher Art
    - Menschen mit ausgefallenen Hobbys und Interessen, die Sie bedienen
- Machen Sie das Erheben der E-Mail-Adresse zu einem fixen und selbstverständlichen Teil des Kaufabschlusses bzw. des Bezahlvorganges.

Wenn Sie sagen: *„Würden Sie mir vielleicht auch Ihre E-Mail-Adresse geben?“*, dann dürfen Sie sich nicht wundern, wenn viele Ihrer Kunden skeptisch nachfragen, wofür Sie diese denn benötigen – nur, um die Frage schlussendlich zu verneinen.

Wenn Sie diese Frage allerdings so formulieren: *„So, jetzt bitte noch Ihre E-Mail-Adresse!“* – also gar nicht als Frage, sondern als selbstverständlichen nächsten Schritt –, werden viele bereitwillig ihre Adresse hergeben.

Das wird Ihnen vor allem dann gelingen, wenn Sie größere, technisch komplexere und höherpreisige Produkte verkaufen und die Mail-Adresse auch noch mit einem zusätzlichen Nutzen (z. B. einer Garantieverlängerung) verbinden.

Beim Sammeln sowie bei der Nutzung der Adressen gilt es natürlich die DSGVO zu beachten. Diese ist aber kein Ausschluss- oder Hinderungsgrund dafür, Adressen zu sammeln und auch zu verwenden.

Was machen Sie mit den E-Mail-Adressen?

Natürlich bringt Ihnen das Sammeln der Mail-Adressen überhaupt nichts, wenn Sie diese nicht nutzen, um mehr Umsatz und mehr Ertrag zu erwirtschaften. Nachfolgend daher ein paar Ideen, wofür Sie die E-Mail-Adressen verwenden können:

- Bieten Sie Ihren Kunden per Mail zu den bereits gekauften Produkten passende Zusatzprodukte an.
- Geben Sie Nachlässe, am besten nur in Verbindung mit Kundenkarten bzw. gegen Nennung der E-Mail-Adresse.
- Geben Sie Jahresgutschriften statt Nachlässe direkt beim Kauf. Das schafft Kundenbindung und kostet Sie weniger bzw. gar nichts, wenn diese nicht eingelöst werden.
- Verwenden Sie E-Mail-Marketing, um den Kontakt zu Ihren Kunden zu intensivieren und die Kauffrequenz zu erhöhen.

Zusätzliche Nutzungsmöglichkeiten für die gesammelten Mail-Adressen Ihrer Kunden bzw. auch Ihrer Noch-nicht-Kunden finden Sie in den weiteren Tipps und Strategien.

Aktionen

Ein Bereich, der gerade im Handel lange Tradition im Marketing hat und in den letzten Jahren sehr stark an Bedeutung zugenommen hat, sind Aktionen. Das können im Prinzip alle Arten von Aktionen sein. Die Praxis zeigt aber, dass es vor allem Preisaktionen sind, die der Handel häufig nutzt.

Diese sind besonders gefährlich, da die negativen Auswirkungen, die Preissenkungen haben, stark unterschätzt werden, wie ich bereits in einem früheren Abschnitt rechnerisch dargelegt habe.

„Wir zahlen Ihnen die Mehrwertsteuer"-Aktionen sind im Moment sehr beliebt. Dabei muss man sich ernsthaft fragen, wie Nachlässe (und das oft auf das gesamte Sortiment) in dieser Größenordnung bei den großteils sehr schmalen Margen im Handel betriebswirtschaftlich sinnvoll sein können.

Die durch so eine Aktion zusätzlich verkaufte Menge müsste – je nach Produktgruppe und Marge – oft ein Mehrfaches betragen, damit sich eine solche Preisaktion auch als höherer Ertrag niederschlägt.

Aufgrund des großen Hebels des Preises gibt es einige Strategien in Bezug auf Aktionen, mit denen Sie Ihren Ertrag deutlich verbessern können bzw. die Sie davon abhalten, diesen zu verringern oder ganz zu vernichten.

32 – Berechnen Sie den Break-Even-Punkt einer Aktion

Eine Standardvorgehensweise vor jeder geplanten Aktion sollte es sein, ein paar Überlegungen anzustellen, unter welchen Voraussetzungen sich diese Aktion für Sie rechnen kann und Ihren Ertrag erhöht.

Eine besonders spannende, weil sehr praktische Frage, die Sie im Zuge dessen beantworten sollten, lautet: *„Um wie viel muss ich mehr* *verkaufen, um denselben Deckungsbeitrag zu erwirtschaften, den ich ohne Aktion erzielt hätte?"*

Jetzt ist es natürlich klar, dass sich eine Aktion nicht nur direkt – also durch den Verkauf von größeren Mengen jener Produkte, die in Aktion sind – rechnet. Es gibt auch Umwegrentabilitäten, die sich positiv auf Umsatz und Ertrag auswirken können.

Dennoch macht es sehr viel Sinn, diese Frage losgelöst von etwaigen anderen Effekten der Aktion zu beantworten. Die Antworten sind oft überraschend und führen dazu, dass die Aktion mit ganz anderen Augen gesehen wird.

Eine Beispielrechnung

Lassen Sie uns das einmal anhand eines Beispiels durchrechnen. Angenommen ein Einzelhändler verkauft ein Produkt um 100 € (exkl. USt.). Im Einkauf bezahlt er dafür 70 €, somit erzielt er einen Deckungsbeitrag in Höhe von 30 €. Monatlich verkauft er 100 Stück; das bedeutet, dass der gesamte Deckungsbeitrag pro Monat 3.000 € (100 x 30 €) beträgt. So weit, so gut.

Dieser Einzelhändler fasst nun den Plan, sein Geschäft zu beleben und mehr zu verkaufen. Dafür macht er eine Preisaktion mit diesem Produkt. Damit heutzutage eine Preisaktion auch ausreichend Aufmerksamkeit erhält, muss man schon etwas tiefer in die Rabattkiste greifen. Unser Einzelhändler gibt daher 20 % Nachlass im Rahmen der Aktion.

Das bedeutet: Der Verkaufspreis sinkt auf 80 € und der Deckungsbeitrag auf 10 € pro Stück. Wie viel muss der Händler nun verkaufen, um denselben Gesamtdeckungsbeitrag zu erzielen wie vorher?

Die Antwort lautet: 3 Mal so viel! 10 € x 300 Stück ergibt wieder unsere 3.000 € Gesamtdeckungsbeitrag. Überrascht? Der Händler muss also die dreifache Menge absetzen, nur um denselben Deckungsbeitrag wie vorher zu erzielen. Damit hat er aber noch keinen einzigen Euro mehr verdient.

Die Frage ist nun: Schafft er das? Sollte die Antwort lauten, dass mit einer solchen Aktion die fünffache Menge verkauft wird, dann sieht es gar nicht so schlecht aus (wobei man auch Vorziehkäufe bedenken müsste und nicht jedes verkaufte Stück ein zusätzlich verkauftes Stück für unseren Einzelhändler ist).

Zuerst rechnen, dann entscheiden

Bevor Sie also die Entscheidung für eine Aktion treffen, rechnen Sie diese Kennzahl aus. Wenn Sie dann z. B. der Meinung sind, dass sich die Aktion zwar nicht unmittelbar rechnet, die Umwegrentabilität aber so groß ist, dass es für Sie durchaus Sinn macht, können Sie die Aktion ja trotzdem durchführen.

Sehr oft wird diese Berechnung allerdings dazu führen – und diesbezüglich bin ich sehr sicher –, dass so manche angedachte Preisaktion dann doch nicht zur Umsetzung kommt.

Der Aktionsrechner zum kostenlosen Download

Um Ihnen die Berechnung zu vereinfachen, habe ich für Sie den „Aktionsrechner“ gemacht. Das ist ein einfaches Tool, das Sie sich hier kostenlos herunterladen können:
https://www.voice-of-value.com/handel-buch/

romanKmenta
Speaker, Ideendesigner & Mutmacher

Aktionsrechner

Dieser Rechner beantwortet folgende Frage: "Um wieviel muss ich mehr / weniger verkaufen, wenn ich den Preis erhöhe / senke, um den gleichen Deckungsbeitrag zu erzielen?"

	bisher	neu
Verkaufspreis	19,00	18,00
Preisveränderung	-	-5,3%
Einkaufspreis / Herstellkosten	13,00	13,00
Einheiten	100,00	120,00
Veränderung Einheiten	-	20,0%
Deckungsbeitrag / Stück	6,00	5,00
Deckungsbeitrag gesamt	600,00	600,00

www.romankmenta.com ©

33 – Vermeiden Sie aggressive Preisaktionen

Aus der vorhergehenden Strategie für mehr Ertrag ergibt sich konsequenterweise die nächste in Form einer klaren Empfehlung: Vermeiden Sie Preisaktionen so weit wie möglich – vor allem aggressive!

Wie Sie gesehen haben, kosten Sie diese so viel an Deckungsbeitrag, dass Sie das in Form höherer Stückzahlen kaum kompensieren können.

Aber es gibt noch weitere Aspekte, die sich negativ auf Ihre Margen und Erträge auswirken und die dafür sprechen, möglichst keine Preisaktionen durchzuführen.

- Sie machen mittelfristig Ihre Preise kaputt. Einmal gesenkte Preise – und sei es auch nur in Form einer Aktion – wieder zu erhöhen ist tendenziell schwierig und manchmal unmöglich.
- Ihre Mitbewerber meinen, mitspielen zu müssen, und schon ist ein Preiskampf im Gange, bei dem letztlich alle verlieren.

- Ihre Kunden kaufen oft nicht MEHR, sondern tätigen lediglich Vorziehkäufe und kaufen einfach nur früher.
- Sie erziehen Ihre Kunden zu sogenannten „Schnäppchenkäufern", die immer nur dann zu Ihnen kommen, wenn es wieder etwas in Aktion gibt.
- Sie schädigen die Qualitätswahrnehmung Ihrer Produkte und Ihres ganzen Geschäftes. Wer häufig Preisaktionen macht, wird rasch als „billig" wahrgenommen.

Und das sind nur die wichtigsten Gründe, die gegen Preisaktionen sprechen. Lassen Sie sich stattdessen andere Aktionen einfallen, die mehr bringen und weniger Ertrag kosten. Ideen dazu finden Sie weiter unten in diesem Kapitel.

34 – Limitieren Sie Preisaktionen

Wenn Sie dennoch Preisaktionen machen, dann limitieren Sie diese zumindest. Eine Limitierung kann bedeuten:

- Die Aktion gilt nur für eine kurze Zeit.
- Die Aktion gilt nur für die ersten X Kunden.
- Die Aktion gilt nur für ein bestimmtes Produkt oder eine überschaubare Warengruppe. (Dann haben Sie zumindest die Chance, dass die Kunden, die durch diese Aktion angelockt werden, auch noch andere Produkte bei Ihnen kaufen, bei denen die Margen intakt sind.)

Vor allem der letzte Punkt ist sehr wichtig und wird in der gelebten Einzelhandelspraxis erschreckend oft missachtet. Aktionen wie „–10 % auf alles" sind alltäglich im Einzelhandel und mittlerweile das ganze Jahr über zu finden.

35 – Unterscheiden Sie sich durch Ihre Aktionen

Wie in einem der vorherigen Kapitel ausführlich geschildert, ist es für Ihre Margen und Erträge enorm wichtig, dass Sie sich von Ihrem Mitbewerb unterscheiden. Dieser Punkt trifft auch für Aktionen zu.

Vermeiden Sie daher Aktionen, die alle anderen ebenfalls machen, wie z. B.:

- *„Wir zahlen Ihnen die Mehrwertsteuer."*
- *„–10 % auf alles"*
- Sommerschlussverkauf
- Black Friday Sale (der jedes Jahr größere Dimensionen annimmt)

Damit fallen Sie kaum auf. Seien Sie kreativ und gestalten Sie Aktionen, die Ihnen nicht nur mehr Umsatz, sondern vor allem auch mehr Ertrag und positive Zusatzeffekte wie Aufmerksamkeit und Sympathie einbringen.

Eine umfangreiche Sammlung von Ideen und Praxisbeispielen dazu finden Sie im Beitrag „Smarte Rabatte – Gewinn erhöhen statt Geld verbrennen!": https://www.romankmenta.com/smarte-rabatte/

36 – Gemeinsam statt einsam

Machen Sie Aktionen gemeinsam mit Kooperationspartnern, die nicht im direkten Mitbewerb zu Ihnen stehen, die aber dieselbe Kundenzielgruppe haben wie Sie. Daraus kann sich eine Win-win-Situation ergeben.

Erstens können durch eine Kooperation Ideen und Möglichkeiten entstehen, die Sie allein nicht haben, und zweitens verfügen Sie über mehr Power – und zwar sowohl finanziell als auch zeitlich und personell. So können Sie größere und wirkungsvollere Aktionen gestalten und umsetzen.

37 – Mäßig und bloß nicht regelmäßig

Ein Fehler bei Aktionen, der im Handel häufig gemacht wird, ist jener, dass dieselben Aktionen wieder und immer wieder gemacht werden, oft sogar in einem gleichbleibenden zeitlichen Rhythmus.

„Warum soll es schlecht sein, etwas, das offenbar bereits ein oder mehrere Male funktioniert hat, zu wiederholen?“, könnten Sie an dieser Stelle durchaus berechtigt fragen. Erfolgreiche Aktivitäten zu wiederholen ist nicht grundsätzlich schlecht.

Es gibt diesbezüglich durchaus positive Beispiele, wie etwa die Weihnachtswette des österreichischen Elektro- und Brillenhändlers *Hartlauer*. Dabei wird den Kunden, die in der Vorweihnachtszeit in einem Geschäft der Kette eingekauft haben, eine Rückerstattung angeboten, wenn es zu Weihnachten schneit.

Die Kehrseite der Medaille ist jedoch, dass Kunden, wenn sie die Regelmäßigkeit Ihrer Aktionen bemerken, ihren Kaufrhythmus darauf abstimmen und vor allem dann – oder auch nur noch *ausschließlich* dann – bei Ihnen kaufen, wenn Sie wieder eine Aktion haben.

Diese Aktionen bringen Ihnen im Extremfall gar keinen zusätzlichen Umsatz, sondern nur mehr Vorzieh- oder Verschiebungskäufe. Das bedeutet, dass die Kunden zwar früher oder später, jedoch nicht *mehr* kaufen. Sie erziehen sich auf diese Art also Schnäppchenjäger, an denen Sie weniger bzw. kein Geld verdienen.

Wenn Sie die genannten Strategien beachten und bei Aktionen nicht nur auf eine Erhöhung der Kundenanzahl, der verkauften Menge und des Umsatzes achten, sondern sich damit positiv abheben und auffallen und vor allem mehr Ertrag erwirtschaften wollen, spricht gegen eine Aktion gar nichts. Ganz im Gegenteil.

F.

Führung und Management

Die Führung von Mitarbeitern ist verständlicherweise ein Bereich, der einen enorm großen Einfluss auf Ihre Margen und Erträge hat. Führungskräfte setzen die Rahmenbedingungen, in denen sich die Mitarbeiter bewegen.

Entscheidungen und Aktivitäten in der Mitarbeiterführung haben einen großen Hebeleffekt, weil eine Führungskraft damit auf einige bis sehr viele Verkaufsmitarbeiter wirkt.

Ein paar der wichtigsten Tipps und Strategien, die Sie als Führungskraft berücksichtigen können, um höhere Margen, Deckungsbeiträge und Erträge zu erzielen, finden Sie in diesem Kapitel.

38 – Erfassen Sie die wichtigen Ertragskennzahlen im Verkauf

Wenn Ihnen Erträge und Margen wichtig sind, dann müssen Sie diese auch erfassen und messen. Umsätze werden im Handel üblicherweise regelmäßig erfasst. Jeder Händler weiß am Tagesende nach dem Kassenabschluss, wie viel Umsatz an diesem Tag gemacht wurde.

Wie viel Deckungsbeitrag bzw. wie viel Ertrag erwirtschaftet wurde, wissen viele frühestens am Monatsende. Oft muss aber auch der Jahresabschluss abgewartet werden, um konkrete Zahlen zu Erträgen zu erhalten.

Finden Sie daher einen Weg, Ihre Deckungsbeiträge möglichst zeitnah und produktbezogen, aber auch auf Mitarbeiter bezogen, im Blick zu behalten. Kennzahlen, die Sie erfassen könnten und auch sollten, sind:

- Deckungsbeitrag (in Prozent und absolut) je Produkt
- Deckungsbeitrag (in Prozent und absolut) je Produktgruppe
- Deckungsbeitrag (in Prozent und absolut) je Mitarbeiter
- Deckungsbeitrag (in Prozent und absolut) je Standort bzw. Filiale (wenn Sie mehrere haben)

Die Messung des Deckungsbeitrages pro Mitarbeiter macht vor allem dann viel Sinn, wenn die einzelnen Verkäufer einen eigenen Spielraum haben, was Preise bzw. Rabatte betrifft. Regelmäßig sind große Unterschiede zwischen einzelnen Verkäufern an ein- und demselben Standort zu beobachten, was die Umsätze, aber auch, was die Erträge angeht.

Natürlich sollten Sie die Messung der Umsätze – bezogen auf Produkte, Produktgruppen, Mitarbeiter, Standorte, Tage etc. – deshalb nicht vernachlässigen. Die Ertragskennzahlen zu erfassen ist eine wichtige zusätzliche Aufgabe.

Weitere profitable Informationen zu Kennzahlen im Einzelhandel finden Sie im Beitrag „Mit diesen 5 Top-Kennzahlen hat jeder Einzelhändler sein Business im Griff“: https://www.romankmenta.com/kennzahlen-einzelhandel/

39 – Kommunizieren Sie Ertragskennzahlen an Mitarbeiter

Das Berechnen der Ertragskennzahlen ist jedoch nur der erste Schritt. Damit fokussieren Sie sich selbst auf den Ertrag. Als wichtigen zweiten Schritt müssen Sie den Deckungsbeiträgen auch unter Ihren Mitarbeitern mehr Wichtigkeit verleihen.

Der sogenannte „Mere-Measurement-Effekt" aus der Verhaltenspsychologie besagt, dass Menschen ihr Verhalten danach ausrichten, ob etwas gemessen wird oder nicht. Was bedeutet das für Ihr Geschäft?

Wenn Sie die Deckungsbeiträge messen und die Ergebnisse Ihren Mitarbeitern regelmäßig mitteilen (bzw. noch besser die Mitarbeiter diese selbst messen lassen und darüber regelmäßige Information einfordern), werden Ihre Mitarbeiter automatisch stärker auf die Deckungsbeiträge achten und sich mehr bemühen, diese zu erhöhen.

Dies ist insbesondere dann wichtig, wenn die Mitarbeiter Einfluss darauf haben, ob der Preis eines Produktes, zu dem der Kunde kauft, höher oder niedriger ist. Das ist dann der Fall, wenn Ihre Verkäufer eine der folgenden Möglichkeiten haben:

- Sie können Preisnachlässe bzw. Rabatte gewähren.
- Sie dürfen kostenlose oder reduzierte Zugaben geben.
- Sie können Gutscheine für etwaige Folgekäufe geben.

Ertragszahlen für einzelne Produkte bzw. Produktgruppen als Steuerungsinstrument

Selbst wenn Ihre Mitarbeiter diese Möglichkeiten nicht haben, können Ihre Verkäufer die Erträge beeinflussen, indem sie die Wahl des Produktes durch den Kunden lenken. Der Verkäufer kann höherpreisige oder billigere Produkte forcieren bzw. solche mit mehr oder weniger Deckungsbeitrag und dadurch den Ertrag steuern.

Das Geschäft können Verkäufer aber nur dann bewusst in Richtung eines höheren Deckungsbeitrages lenken, wenn sie die entsprechenden Zahlen kennen. Informieren Sie daher Ihre Mitarbeiter im Verkauf regelmäßig (z. B. monatlich) über die wichtigsten Ertragskennzahlen und sprechen Sie noch regelmäßiger (jede Woche) mit ihnen auch über das Thema „Deckungsbeiträge und Erträge".

Wenn Ihnen die Zahlen zu heikel sind, um sie allen Verkäufern zu kommunizieren, dann können Sie mit einem Ampelsystem arbeiten:

- Rot = schlechte Deckungsbeiträge
- Gelb = mittelprächtige Deckungsbeiträge
- Grün = gute Deckungsbeiträge

Ihre Verkäufer können sich dann bemühen, mehr von den „grünen" und weniger von den „roten" Produkten zu verkaufen, bzw. sie können sich – sofern sie den Preis beeinflussen können – darauf konzentrieren, im grünen Preisbereich zu bleiben.

40 – Seien Sie zurückhaltend mit Rabattvorgaben

Wie bereits angesprochen, haben die Verkäufer in einigen Branchen bzw. Produktbereichen gewisse Ermessenspielräume, was Preise und Rabatte angeht. Es wird teilweise mit Rabattstaffeln gearbeitet, die an gewisse Abnahmemengen gebunden sind (der klassische Mengenrabatt).

Ich beobachte sehr häufig, dass Rabattstaffeln oder ähnliche Möglichkeiten, Nachlässe zu gewähren, von den meisten Verkäufern (v. a. in verhandlungsintensiven Branchen) auch genutzt oder sogar immer wieder überzogen werden.

Ab und zu gibt es Verkäufer in Teams, die deutlich weniger Nachlässe geben als ihre Kolleginnen oder Kollegen. Das zeigt, dass es sehr wohl möglich ist und dass die übrigen oft nur den bequemeren Weg – den über den niedrigeren Preis – zum Verkaufsabschluss wählen.

Seien Sie sich daher dessen bewusst, dass Sie mit der Vorgabe einer bestimmten Rabattstaffel oder eines Maximalrabattes ebenfalls steuern können, wie viel Deckungsbeitrag erzielt wird.

Oft ist es die einfachste, rascheste und wirksamste Methode, die Margen zu verbessern, wenn Sie die Preisspielräume Ihrer Verkäufer ein wenig einschränken. 1 % weniger Nachlass kann zwar das ein oder andere Aufstöhnen eines Verkäufers verursachen, wird aber letztlich meistens akzeptiert.

Wenn Ihre Verkäufer es schaffen, mit 1 % weniger Nachlass auszukommen, ohne deshalb Kunden zu verlieren (was die meisten auch tun), dann bedeutet das im Handel mit seinen schmalen Umsatzrenditen eine dramatische Erhöhung des Gewinns.

Wenn Ihre Umsatzrendite bei z. B. 2 % liegt, so bedeutet 1 Prozentpunkt mehr eine 50-prozentige Steigerung von 2 auf 3 %.

41 – Trennen Sie sich von schwachen Verkäufern

Wenn Sie die Kennzahlen, wie oben beschrieben, auch je Mitarbeiter messen, ist das eine hervorragende Basis für die Beurteilung der Verkaufsleistung Ihrer Mitarbeiter.

Die Verkaufsleistung ist zwar nicht das einzige, aber dennoch ein ganz wesentliches Kriterium, was die Qualität eines Verkaufsmitarbeiters betrifft. Wenn Sie aufgrund der Zahlen (und ggf. auch weiterer Kriterien) zu dem Schluss kommen, dass ein Mitarbeiter nicht genügend Leistung erbringt, dann

- entwickeln Sie seine Fähigkeiten und damit auch seine Leistung oder
- versetzen Sie ihn in einen anderen Bereich oder
- trennen Sie sich von ihm.

Ein Fehler, der häufig gemacht wird, besteht darin, an schwachen Verkäufern festzuhalten, anstatt sich von ihnen zu trennen. Ich selbst spreche da aus eigener Erfahrung.

Ich weiß schon, dass viele Einzelhändler das Problem haben, überhaupt Mitarbeiter zu finden, geschweige denn gute. Da werden oft nach dem Motto *„Besser ich habe einen schwachen Mitarbeiter als gar keinen"* schlechte Verkäufer durchgefüttert.

Was dabei vergessen wird, sind die Kosten, die diese verursachen. Und damit meine ich nicht (nur) das Gehalt, das Sie ihnen bezahlen, sondern jene Kosten, die sich viel stärker zu Buche schlagen:

- Entgangene Umsätze und Deckungsbeiträge – gute Verkäufer erwirtschaften in vielen Einzelhandelsgeschäften deutlich höhere Deckungsbeiträge als schwache.
- Wirkung auf die anderen – ein niedriges Leistungsniveau steckt andere Mitarbeiter an und es besteht die Gefahr, dass diese mit nach unten gezogen werden und dass das allgemeine Leistungsniveau sinkt.

Von welchen Verkäufern trennen Sie sich?

Oft ist also ein Ende (wenn auch mit Schrecken) besser als ein Schrecken ohne Ende. Von welchen Ihrer Mitarbeiter sollten Sie sich daher trennen bzw. welche müssen sich deutlich entwickeln (dazu später mehr), um eine Trennung zu vermeiden?

Wahrscheinlich haben Sie die Antwort darauf ohnehin schon GE-wusst. Jetzt mag sie Ihnen BE-wusst geworden sein. Ich weiß, eine Trennung von Mitarbeitern fällt in den seltensten Fällen leicht – aber wer hat behauptet, es wäre einfach, ein profitables und sehr erfolgreiches Handelsgeschäft zu betreiben?

42 – Wählen Sie Ihre Verkäufer nach den richtigen Kriterien aus

Oft werden Verkäufer nach fachlichen, branchenbezogenen Kriterien ausgewählt. Ein Autoverkäufer, der bereits Fahrzeuge verkauft hat, wird da gegenüber jener Person bevorzugt, die bisher Koch war.

Nun ist es nicht so, dass es schlecht ist, wenn jemand bereits Erfahrungen in genau derselben Tätigkeit oder Branche vorzuweisen hat. Eine Voraussetzung ist das aber – gerade im Verkauf – sicherlich nicht. Und das wichtigste Kriterium ist es ganz bestimmt auch nicht. Warum?

Gewisse Eigenschaften und Fähigkeiten im Verkauf sind leicht erlernbar, manche schwer und andere – sehr wichtige – kaum bis gar nicht.

Leicht erlernbar sind:

- Produktkenntnisse
- Branchenkenntnisse
- technisches Know-how
- rechtliches Wissen

Wenn sich jemand, der keine Ahnung von Autos hat (und dabei handelt es sich um ein durchaus komplexes Produkt), ausreichend Kfz-Wissen aneignen will, um Autos verkaufen zu können, dann darf das maximal ein paar Tage dauern.

Gerade im Verkauf ist zu viel Wissen oft kontraproduktiv, da Verkäufer dann die Tendenz haben, dieses Wissen im Kundengespräch auch loswerden zu wollen. Und das ist schlecht für den Verkauf.

„Fachidiot quatscht Kunden tot!"

So lautet – nicht ganz zu Unrecht – ein Sprichwort. Oft performen Neulinge im Verkauf besonders gut, und zwar nicht obwohl, sondern eben weil sie nur über das nötigste Fachwissen verfügen.

Schwer erlernbar sind:

- Verkaufstechnik (Bedarfserhebung, Abschlusstechnik etc.)
- Kommunikationstechnik
- kompetente Ausstrahlung

Diese Fähigkeiten sind zwar in der Theorie einfach, für eine erfolgreiche Umsetzung in der Praxis, damit diese Vorgehensweisen in Fleisch und Blut übergehen und weitgehend automatisiert ablaufen, bedarf es aber einiges an Übung.

Kaum bis nicht erlernbar sind:

- Lächeln
- positives Denken
- sympathische Ausstrahlung
- Empathie
- Teamgeist
- Gespür für den Umgang mit Menschen etc.

Jemandem, der nicht viel lächelt, das Lächeln beibringen zu wollen, ist vergebene Liebesmühe. Dabei befinden sich aber gerade in der Kategorie „kaum bis nicht erlernbar“ etliche Fähigkeiten, die enorm wichtig sind, um im Verkauf erfolgreich zu sein.

Bei Ihrer Personalauswahl sollten Sie daher diese Kriterien ganz oben ansiedeln und sogar K.-o.-Kriterien daraus machen.

„Jemand, der nicht lächeln kann,
sollte kein Geschäft eröffnen."

Das wussten schon die alten Chinesen.

Stellen Sie sich daher für Vorstellungsgespräche mit Bewerbern um Verkaufsjobs in Ihrem Unternehmen eine Liste von Eigenschaften zusammen, die der Bewerber mitbringen könnte, und sorgen Sie dafür, dass vor allem die wichtigen Kriterien – jene, die kaum erlernbar sind – darauf angeführt sind.

43 – Entlohnen Sie nach Deckungsbeiträgen

Ein Verkäufergehalt – zumindest ist das meine Meinung auf Basis langjähriger Erfahrung in der Führung von Verkaufsorganisationen – sollte immer auch einen leistungsabhängigen Bestandteil haben.

Wie groß dieser ist und wie genau er berechnet wird, darüber lässt sich diskutieren. Zu diesem Thema gibt es Experten wie auch Fachbücher, die Ihnen dabei weiterhelfen können.

Was allerdings grundlegend wichtig ist, wenn Sie nicht nur mehr Umsatz, sondern vor allem mehr Ertrag erzielen wollen: Das Messkriterium für den variablen Gehaltsbestandteil der Verkäufer muss der Deckungsbeitrag (oder eine ähnliche Kennzahl) sein.

Ob dieser zusätzlich zum Umsatz (oder in manchen Branchen auch Marktanteil) gewertet oder als alleiniges Kriterium für die Höhe der Provision bzw. des Bonus herangezogen wird, muss im Einzelfall überlegt werden.

Kontraproduktiv ist es, den Umsatz als alleinige Messlatte zu nutzen (mit Ausnahme jener Branchen oder Produktbereiche, in denen ein Verkäufer weder Preisspielräume hat noch durch die Steuerung der

Produktauswahl des Kunden den Ertrag maßgeblich beeinflussen kann).

Sie erinnern sich an den „Mere-Measurement-Effekt“ aus der Verhaltenspsychologie. Ihre Verkäufer konzentrieren sich auf das, was gemessen wird. Wenn Sie vor allem Umsätze messen, lenkt das den Fokus darauf und es werden Geschäfte gemacht, die zwar Umsatz bringen, aber wenig oder vielleicht gar keinen Deckungsbeitrag erwirtschaften.

Es gibt übrigens auch Fälle, in denen Umsätze mit negativen Deckungsbeiträgen gemacht werden und bei denen der Verkäufer, der das Geschäft abgeschlossen hat, dafür auch noch gelobt wird.

Ob Sie den Deckungsbeitrag in Prozenten oder in absoluten Beträgen heranziehen, ist ebenfalls wieder eine Frage Ihrer individuellen Situation. Bauen Sie aber in jedem Fall eine ertragsabhängige Komponente in Ihr Gehaltssystem für Verkäufer ein.

44 – Entwickeln Sie Ihre Verkäufer

Eine schwache Verkaufsleistung ist noch kein Grund, sich von einem Mitarbeiter zu trennen. Wenn die Motivation des Mitarbeiters passt und der Wunsch, beim Verkaufen besser zu werden, vorhanden ist, lässt sich seine Verkaufsleistung entwickeln.

Es ist definitiv zu wenig, geeignete Mitarbeiter an Bord zu holen und darauf zu bauen, dass diese gute Geschäfte für Sie machen werden. Verkäufer sollten eher wie Sportler betrachtet werden. Jedem Sportler ist klar:

*„Gut und vor allem immer besser
wird man nur durch regelmäßiges,
konsequentes Training.“*

Wie können Sie Verkäufer entwickeln? Dazu ein paar Ideen und Tipps aus der eigenen Praxis:

- Bauen Sie in die wöchentlichen Verkaufsteam-Meetings immer auch Verkaufsthemen wie z. B. Fragetechnik, Einwandbehandlung etc. ein (und zwar immer nur ein Thema) und verwenden Sie 20 Minuten für eine kleine Rollenübung sowie eine kurze Analyse.

- Geben Sie jedem Verkäufer regelmäßig Feedback zu Verkaufsgesprächen mit echten Kunden. Das können Sie als Führungskraft selbst tun, oder Sie engagieren dafür einen externen Trainer oder Coach. Wenn Sie es selbst tun, dann machen Sie sich in einem passenden Training dafür fit. Ein guter Verkaufscoach benötigt ein paar zusätzliche Fähigkeiten; nur selbst erfolgreich verkaufen zu können, reicht hierfür nicht aus.

- Schicken Sie Ihre Verkäufer regelmäßig auf öffentliche Seminare (zumindest 1–2 x pro Jahr) oder veranstalten Sie mit einem Trainer ein Inhouse-Training nur für Ihr Verkaufsteam.

- Und vor allem: Analysieren Sie, was im Verkauf gut läuft und was nicht. Erst dann wissen Sie, wo genau Sie den Hebel bei den Entwicklungsmaßnahmen ansetzen können.

Es macht einen Unterschied, ob ein Verkäufer 15 Verkaufsgespräche am Tag führt und dabei einen einzigen Abschluss erzielt oder ob ein anderer mit 5 Kunden spricht und dabei in 3 Fällen etwas verkauft. Der erste Verkäufer muss möglicherweise an seiner Gesprächsführung arbeiten, der zweite daran, wie er mehr Gespräche pro Tag führen kann.

Seminarangebote speziell auch für Ihr Unternehmen finden Sie hier: http://convince.at/leistungen-fuer-ihre-vertriebsorganisation/

Viele Weiterbildungs- und Entwicklungsmöglichkeiten für Verkäufer sind sehr günstig oder sogar kostenlos. Hier finden Sie sehr viele meiner Inhalte und Produkte, die Ihnen und Ihren Verkäufern weiterhelfen werden:

- Bücher (www.romankmenta.com/shop/)
- Hörbücher
- Seminare (https://www.romankmenta.com/seminar/)
- Blogs (www.romankmenta.com/blog)
- Podcasts (www.romankmenta.com/podcast/)
- YouTube-Videos (www.youtube.com/user/RomanKmenta)

G.

Bezahlung

Der Begriff „Bezahlung“ lässt bereits erahnen, dass rund um dieses Thema eine Menge Deckungsbeitrag versteckt ist. Dabei erstreckt sich der Themenbereich von den Bezahlarten über unterschiedliche Preismodelle bis hin zu diversen Nachlässen, die mit der Bezahlung für ein Produkt verbunden sein können.

45 – Hinterfragen Sie Traditionsrabatte

Viele Einzelhändler räumen bestimmten Kunden Rabatte, Nachlässe oder Boni ein. Häufig sind das Stammkunden, die entweder schon sehr lange Kunden sind oder die sehr viel bzw. oft einkaufen (oder auch beide Kriterien erfüllen).

In vielen Fällen sind diese Nachlässe oder Sonderpreise mit der Zugehörigkeit zu gewissen Unternehmen oder Organisationen verknüpft. So bekommen bspw. die Mitarbeiter einer örtlichen Sparkasse 10 % Rabatt beim Buchhändler im Ort.

Wenn die eingeräumten Sonderpreise oder Rabatte auf betriebswirtschaftlich vernünftigen Kriterien basieren, spricht grundsätzlich nichts dagegen. Was ich allerdings immer wieder feststelle, sind drei Aspekte:

- Die Rabatte sind zu hoch. Sie stehen in keinem gesunden Verhältnis zum Mehrumsatz, den sie ggf. bringen.

- Die Rabatte sind zu rund. Es müssen nicht 5 % oder 10 % sein. Auch 4,3 % oder 6,8 % sind erlaubt und sparen, im Vergleich zur Umsatzrendite gerechnet, eine Menge Geld.
- Und vor allem: Die Rabatte haben gar kein betriebswirtschaftliches Fundament mehr und sind nur noch eine Tradition.

Vielleicht war die Sparkasse ja einmal ein größerer Kunde des Buchhändlers, weil der Betriebsrat damals den Rabatt mit dem Buchhändler ausverhandelt und gleichzeitig innerhalb der Sparkasse kommuniziert und eine Menge Werbung für den Buchhändler gemacht hat.

Heute gibt es den Betriebsrat dort nicht mehr, und kaum jemand in der Sparkasse weiß über den Traditionsrabatt Bescheid. Der Gesamtumsatz, den die Mitarbeiter der Sparkasse beim Buchhändler tätigen, ist überschaubar. Warum also weiterhin 10 % Rabatt geben?

Sie haben in dieser Situation zwei Möglichkeiten:

- Das Geschäft mit der Sparkasse ankurbeln, sodass die Bank und ihre Mitarbeiter einen Rabatt verdienen (was nicht bedeutet, dass dieser auch weiterhin 10 % betragen muss), oder
- den Rabatt streichen.

Berechnen Sie den Break-Even-Punkt von Rabatten

Auch dafür können Sie den Aktionsrechner, den Sie sich vielleicht vorhin bereits heruntergeladen haben, wiederum sehr gut einsetzen. Wenn nicht, finden Sie hier noch einmal den Link zum kostenlosen Download: https://www.voice-of-value.com/handel-buch/

Rechnen Sie aus, wie viel weniger an Verkaufsmenge Sie sich leisten können, wenn Sie einen Rabatt streichen (was im Grunde dasselbe ist, wie eine Preiserhöhung im Ausmaß des Rabattes durchzuführen), ohne dadurch an Gesamtdeckungsbeitrag zu verlieren. Sie werden über das Ergebnis ggf. erstaunt sein und wahrscheinlich so manchen Traditionsrabatt eliminieren, ohne sich Sorgen zu machen.

Hinterfragen Sie in jedem Fall traditionelle Konditionen für bestimmte Kundengruppen und prüfen Sie, ob Sie diese wirklich noch benötigen oder eigentlich streichen bzw. zumindest reduzieren können.

46 – Bieten Sie virtuelle Zahlungsmöglichkeiten

Wie Sie aus eigener – vielleicht auch leidvoller – Erfahrung wissen: Virtuelles Geld (Kreditkarten, Debitkarten, Überweisungen, Abbuchungen etc.) sitzt viel lockerer als Bargeld. Die Hürde, sich von Bargeld zu trennen, ist deutlich höher als bei virtuellem Geld.

Daher macht es durchaus Sinn, Bezahlung per Kreditkarte anzubieten und es Ihren Kunden so leicht wie möglich zu machen, ihr Geld bei Ihnen im Geschäft zu lassen.

Natürlich gilt es dabei die Kosten (die bei manchen Kreditkarten nicht unerheblich sind) genau abzuwägen und zu überlegen, welche Art virtuellen Geldes Sie zulassen. Dies hängt von vielen Faktoren ab.

Im Stadtzentrum, wo es von Touristen nur so wimmelt, werden Sie wahrscheinlich um die Kreditkarte ohnehin nicht herumkommen. In einer ländlichen Gemeinde ist vielleicht die Bankomatkarte/Debitkarte ausreichend.

Auch Faktoren wie durchschnittliche Beträge pro Einkauf (Autokauf vs. Socken) und die Zahlungsdisziplin Ihrer Kunden (Ist eine Zahlung auf Rechnung okay oder nicht?) spielen eine Rolle.

Symbole öffnen Brieftaschen

Man hat übrigens festgestellt, dass allein das Zeigen von Kreditkartensymbolen bzw. Logos (am Eingang, bei der Kasse, auf Preislisten etc.) die Ausgabefreudigkeit der Kunden steigen lässt.

Sie können daher auch Folgendes machen und dabei sechs Fliegen mit einer Klappe schlagen: Ermöglichen Sie grundsätzlich Bezahlung per virtuellem Geld, bieten Sie aber gleichzeitig einen echten Barzahlungsskonto, geknüpft an eine Kundenkarte und die Bekanntgabe der E-Mail-Adresse, an, bei dem der Kunde X % sparen kann (seien Sie hier jedoch nicht allzu großzügig!).

Warum gleich sechs Fliegen auf einen Schlag?

- Das virtuelle Geld erhöht die Ausgabefreudigkeit grundsätzlich.
- Wenn der Kunde in bar bezahlt, haben Sie Kreditkartengebühren gespart und freuen sich darüber, das Geld bereits in den Händen zu haben.
- Der Kunde freut sich, weil er ein wenig sparen konnte.
- Sie haben die E-Mail-Adresse des Kunden.
- Sie haben das Thema „Skonto" (siehe nächster Tipp) auch gleich vernünftig gelöst.
- Sie haben eine Antwort auf die etwaige Frage nach einem Preisnachlass: *„Ja, gerne. Wenn Sie mir hier einfach Name, Adresse, Telefonnummer und E-Mail-Adresse ausfüllen, erhalten Sie als Stammkunde X % Skonto bei Barzahlung."*

47 – Überdenken Sie den Skonto

Der Skonto stammt aus einer Zeit, als Geld auf der Bank noch etwas wert war und Zinsen gebracht hat. Das war in den letzten Jahren jedoch nicht mehr der Fall. Wenn es für Ihren Cashflow nicht so wichtig ist, Ihr Geld sehr rasch zu erhalten, sollten Sie den Skonto grundsätzlich überdenken.

Für den Skonto gilt dasselbe wie für Traditionsrabatte (eigentlich ist er meist einer): Es gibt ihn schon immer und niemand hat ihn im letzten Jahrzehnt hinterfragt.

Speziell im Privatkundenbereich wird der Skonto oft gar nicht vermisst. Ganz im Gegenteil. Gar nicht so selten werden auf Rechnungen Skonti angeboten, aber überlesen und nicht abgezogen.

Streichen Sie den Skonto daher entweder ganz oder nutzen Sie ihn wirklich aktiv als Marketing- und Verkaufsinstrument, wie im vorhergehenden Tipp beschrieben.

48 – Bieten Sie alternative Zahlungsmodelle

Auch wenn das gängigste Bezahlungsmodell im Einzelhandel darin besteht, die Ware bei Kauf bar oder mit Karte zu bezahlen, heißt dies nicht, dass es nicht andere Bezahlmodelle gibt, die für Sie mehr Umsatz und mehr Profit bedeuten können. Welche Alternativen haben Sie?

Mögliche Alternativen hängen natürlich nicht zuletzt von der Branche, den Produkten und den Kunden ab. Wenn der durchschnittliche Einkauf 7 € beträgt, braucht man sicherlich nicht über Leasing nachdenken.

Kredit, Leasing und Ratenzahlung

Besonders empfehlen möchte ich Ihnen, über Varianten von Kredit, Leasing und Ratenzahlung nachzudenken und auf deren Anwendbarkeit in Ihrem Geschäft zu überprüfen.

Allen drei genannten Bezahlformen ist gemeinsam, dass der Kunde beim Kauf gar nichts oder nur einen kleinen Betrag (in Form einer Anzahlung oder ersten Rate) entrichten muss. Diese Kauf- bzw. Bezahlungsmodelle haben Vorteile für alle Beteiligten:

Vorteile für den Händler:

- Die Kaufhürde ist deutlich niedriger und die Ausgabefreudigkeit der Kunden steigt.
- Der Zusatzverkauf und das Upselling werden einfacher, da sich der Mehrpreis in der monatlichen Rate oftmals nur als kleiner Betrag niederschlägt.
- Sie können beim Leasing und bei Krediten zusätzlich Geld in Form von Provisionen der Leasingfinanzierer oder der Banken verdienen.
- Bei der Ratenzahlung (bei der Sie selbst quasi als Finanzierer auftreten) können Sie einen höheren Preis verlangen und auch relativ einfach durchsetzen (und zwar sehr viel mehr, als Sie die Finanzierung des Geschäftes ggf. kostet).
- Sie unterscheiden sich vom Mitbewerb, der nur den einfachen Kauf anbietet.

Vorteile für den Kunden:

- Er kann sich Dinge sofort kaufen, auf die er sonst vielleicht noch Monate oder Jahre hätte sparen müssen.

- Er kann sich schönere, bessere, größere Produkte kaufen, weil sich der Mehrbetrag nicht so stark auf die monatliche Rate auswirkt.
- Er muss nicht auf einmal einen hohen Betrag investieren, sondern kann seine Ausgaben in Form monatlicher Teilbeträge gut planen und leichter tragen.

Das Modell an sich funktioniert im Einzelhandel hervorragend. Aus dem Autohandel ist Leasing ohnehin nicht mehr wegzudenken, aber auch einige Elektroketten bieten Kredit oder Leasing intensiv und mit Erfolg an.

Bereits bei Produkten ab einem Preis von etwa 300 € aufwärts können diese Varianten sehr profitable Alternativen sein.

Aus meiner Sicht setzen noch viel zu wenige Einzelhändler darauf. Einmal eingerichtet, ist es nicht annähernd so kompliziert, wie es vielleicht klingen mag. Denken Sie darüber nach und prüfen Sie die Möglichkeiten.

49 – Warum nicht vermieten?

Ein weiteres Geschäftsmodell, das um einiges profitabler sein kann, als Ihre Produkte einfach zu verkaufen, besteht darin, diese zu vermieten. Das klingt für viele exotischer, als es tatsächlich ist. Natürlich ist das auf gewisse Produkte beschränkt möglich – dort aber ist es ein Erfolgsmodell.

Ski werden heutzutage wahrscheinlich in der Mehrzahl vermietet. Ich selbst habe früher immer Ski gekauft, besitze aber schon seit Jahren keine eigenen Ski mehr.

Ski zu mieten ist für mich einfacher und kostengünstiger, darüber hinaus habe ich immer neue, sehr gute und toppräparierte Ski. Für den Vermieter ist es ein sehr gutes und profitables Geschäft.

Unter den folgenden Voraussetzungen kann Miete Sinn machen (die angeführten Kriterien können teilweise oder auch alle zutreffen):

- Es ist ein Gebrauchs- und kein Verbrauchsartikel.
- Der Preis ist eher höher (etwa ab 300 € aufwärts).
- Das Produkt wird vom Kunden nur fallweise genutzt.
- Die Miete erleichtert die Nutzung des Produktes ganz allgemein (der Kunde braucht sich nicht um die Wartung, Pflege etc. kümmern).
- Das Produkt ist sperrig und schwer zu lagern (Auto, Surfbrett, Segelboot).
- Das Produkt ist so teuer, dass der Kunde sich nicht leisten kann, es zu kaufen, aber er will es sich zumindest einmal gönnen (Handtaschen, Schmuck, Jachten).
- Es gibt keine hygienischen Bedenken bei Verwendung durch mehrere Personen.

Auf welche Ihrer Produkte treffen diese Kriterien zu?

Abgesehen von den üblichen Mietprodukten wie Wohnungen, Autos, Ski oder Hotelzimmer wäre Miete auch bei folgenden Produkten denkbar (und wird von manchen auch schon angeboten):

- Schmuck
- Handtaschen
- Kleidung
- Möbel
- Bilder
- Gartengeräte
- Haushaltsgeräte
- Griller etc.

H.

Preisspsychologie und Pricing

Als Abschluss sowie zur Abrundung der Strategien für mehr Ertrag möchte ich das letzte Kapitel den Preisen, genauer gesagt den preispsychologischen Effekten und Mechanismen widmen.

Diese oftmals sehr kleinen Stellschrauben, an denen Sie drehen können, bewirken oft beachtliche Unterschiede für Ihre Deckungsbeiträge, Umsätze und Erträge.

50 – Nutzen Sie psychologische Preisspielräume

Ob ein Produkt 9,90 € oder 9,99 € kostet, ist – preispsychologisch gesehen – für den Kunden egal. Für Sie als Händler allerdings beträgt der Unterschied etwa 1 %.

Das wiederum ist für manche Bereiche des Handels in etwa die Höhe des Gewinnes (gemessen am Umsatz). In diesem Fall würden um 1 % höhere Preise (bei gleichen Stückzahlen) eine Verdoppelung des Gewinnes bedeuten.

Erhöhen Sie daher die Preise bis zur nächsten größeren preispsychologischen Hürde: 1 €, 5 €, 10 €, 100 € ... Welche das ist, hängt von der Höhe des jeweiligen Preises ab.

Vor allem dort, wo der Preis um eine Stelle länger wird, ist es besonders interessant für Sie, denn der wahrgenommene Unterschied zwischen 5 und 9 ist bisweilen nicht so groß wie der zwischen 9 und 10.

51 – Brechen Sie Preise auf kleine Einheiten herunter

Das ist eine verbreitete Strategie, die in einigen Branchen im Handel bereits genutzt wird. Allerdings gibt es auch viele Bereiche, wo man diese nutzen könnte, aber das noch nicht macht. Es geht darum, den (hohen) Gesamtpreis auf kleinere Einheiten herunterzubrechen.

„Für dieses tolle Fahrzeug investieren Sie nur 37,50 € pro Tag“ – solcherlei hört oder liest man im Autohandel häufig. Warum wird das gemacht?

Durch die rechnerische „Zerkleinerung“ bei seiner Darstellung in Werbung und Verkauf wirkt der Preis deutlich kleiner und das Produkt wird auf diese Weise psychologisch leistbarer. Die Kaufhürde wird gesenkt – und das, obwohl am Preis selbst nichts gemacht wurde.

Ganz im Gegenteil: Oft sind die Preise in Bezahlmodellen, bei denen diese Darstellung üblich ist (Leasing, Kredit und Ratenzahlung), höher als bei normaler Einmalzahlung.

Doch es müssen nicht unbedingt monatliche Bezahlmodelle zugrunde liegen, um diese verkaufspsychologische Strategie zu nutzen. Auch den Preis eines Produktes, das der Kunde beim Kauf komplett bezahlt, können Sie für Marketing und Verkauf in kleinen Beträgen darstellen.

Unter folgenden Voraussetzungen ist diese Art der Preisdarstellung besonders empfehlenswert:

- in Verbindung mit Leasing, Kredit und Ratenzahlung
- bei hochpreisigen Produkten
- bei Produkten, die über einen längeren Zeitraum genutzt werden

Dabei müssen es nicht Tage sein. Je nach Produkt können Sie die Preise auch auf …

- Stunden oder Minuten,
- die Anzahl der Verwendungen (z. B. bei Aufzügen oder Grillgeräten),
- Kilogramm (100 € Investment für jedes abgenommene Kilogramm Körpergewicht),
- Dekagramm oder Gramm (bei Wurstwaren oder Käse),
- Liter oder Milliliter (bei hochpreisigen Flüssigkeiten oder Kosmetika),
- zurückgelegte Kilometer (bei Autos, Fahrrädern oder öffentlichen Verkehrsmitteln),
- ungewöhnliche Verpackungseinheiten (0,6-Liter-Weinflasche oder 0,15 Liter Wein im Glas)

und noch andere branchen- oder produktspezifische Einheiten herunterbrechen.

Je nachdem, was Sie verkaufen, lassen sich sicherlich noch weitere kreative Ideen für Ihre Preisdarstellung finden.

Bei aller Kreativität sei jedoch angemerkt: Machen Sie das mit Fingerspitzengefühl und Vernunft und übertreiben Sie es nicht.

52 – Nutzen Sie Hochpreisiges zum Vergleich

Die Einstufung, ob etwas teuer oder billig ist, geschieht immer auf Basis eines Vergleiches. Die Wahrnehmung als „teuer“ oder „billig“ ist also stets relativ zu einem Vergleichspreis zu sehen. Geben Sie Ihrem Kunden daher hohe Vergleichspreise. Auf diese Weise wirken die übrigen Produkte relativ günstig.

Konkret bedeutet das, dass Sie z. B. zusätzlich zum Pullover um 97 € und zu dem um 147 € auch noch einen um 297 € (und evtl. einen weiteren um 497 €) führen. Der höchste Preis dient dem Vergleich.

Selbst wenn Sie den teuersten Pullover selten bis nie verkaufen, werden Sie mehr von den mittelpreisigen Stücken verkaufen, wie verhaltenspsychologische Studien zeigen. Dabei spielen auch noch zwei weitere psychologische Effekte eine Rolle:

- Die Tendenz zur Mitte: Wenn es drei Dinge zur Auswahl gibt, greifen wir gerne zum mittleren Produkt (physisch oder auch preislich).
- Stellen Sie das teuerste Produkte voran (beginnen Sie z. B. auf Preislisten mit den höchsten Preisen). Damit etwas als Referenzpreis dient, sollte es vom Kunden als Erstes wahrgenommen werden.

53 – Verwenden Sie unrunde Preise

Besonders wenn Sie höherpreisige Produkte verkaufen und in verhandlungsintensiven Branchen tätig sind (Autos, Immobilien etc.), sollten Sie unrunde Preise verlangen.

Was sind „runde" und was „unrunde" Preise?

- Runde Preise sind z. B.: 500 €, 2.000 €, 10.000 €, 70.000 €, 200.000 €
- Unrunde Preise sind z. B.: 507 €, 1.974 €, 10.088 €, 68.123 €, 202.360 €

Im Rahmen von Studien wurde festgestellt, dass von runden Preisen mehr herunterverhandelt wird als von unrunden. Das ist deshalb der Fall, weil unrunde Preise genau kalkuliert wirken (selbst, wenn sie es nicht sind), wohingegen runde Preise geschätzt wirken und quasi eine Einladung zur Preisverhandlung darstellen.

54 – Lassen Sie Währungssymbole weg

Natürlich ist es gesetzlich vorgeschrieben, dass Sie nicht nur Preise auszeichnen, sondern auch deutlich machen, in welcher Währung diese angegeben sind. Das ist zwar normalerweise kein großes Thema (innerhalb der EU sind Preise meistens in Euro angegeben), muss aber korrekterweise doch gemacht werden.

Das Währungssymbol bzw. die Währungsangabe braucht allerdings nicht direkt neben dem Preis zu stehen. Auf einer Preisliste in einem Schaufenster etwa kann der Hinweis auf die Währung auch ganz am Ende der Liste erfolgen.

Welchen Vorteil hat das für Sie? Wenn Sie die Währungssymbole beim Preis weglassen – also z. B. lediglich „29“ statt „29 €“ schreiben – sitzt das Geld beim Kunden etwas lockerer. Das ist ein kleines Stellschräubchen, an dem Sie drehen können, aber in Summe kann es dennoch Gutes für Ihren Ertrag tun.

55 – Was nichts kostet, ist nichts wert

Im Einzelhandel sind kostenlose Zugaben (Muster, Proben etc.) verbreitet. Leider werden diese dem Kunden oftmals nicht nur kostenlos, sondern sogar kommentarlos überreicht.

Bei dieser Vorgehensweise wird die Chance verabsäumt, das eigene Angebot aufzuwerten. Wenn das, was Sie kostenlos dazugeben (siehe auch Kapitel „Verkauf“ zum Thema „Zugaben statt Nachlässe“), normalerweise etwas kostet, dann sollten Sie auch sagen, wie viel.

Ihr Kunde freut sich, weil er so etwas Wertvolles geschenkt bekommt. Und je mehr es normalerweise kostet, desto besser.

Sollte das Produkt üblicherweise nichts kosten (oder es dieses sonst nicht zu kaufen geben), dann machen Sie es kaufbar und schreiben Sie einen Preis dazu, denn ...

„Was nichts kostet, ist auch nichts wert.“

Weitere preispsychologische Taktiken

Sollten Sie das Thema „Preispsychologie“ genauso spannend finden wie ich, dann lesen Sie auch den Beitrag „Preispsychologie – So ticken Ihre Kunden bei Preisentscheidungen“: https://www.romankmenta.com/preispsychologie/

Das Einzige, was bleibt, ist die Veränderung

Was waren die Tipps mit dem größten Potenzial für Ihr Geschäft? In welchen Bereichen sehen Sie für sich die besten Möglichkeiten, an Ihrem Geschäft zu arbeiten und mehr Umsatz, vor allem aber mehr Marge und höhere Erträge zu erzielen?

Erfahrungsgemäß wird jede Leserin und jeder Leser unterschiedliche Schwerpunkte setzen. Das ist naturgemäß ganz abhängig von der Geschäftsgröße, der Lage, der Branche, der Mitarbeiteranzahl und vielen weiteren Faktoren.

Vielleicht haben Sie durch die Lektüre aber auch Lust bekommen, Grundlegendes an Ihrem Geschäft zu ändern. Vielleicht sind Jahrzehnte oder bei manchen gar Jahrhunderte an Tradition schlichtweg zu viel Tradition geworden.

Natürlich ist es oftmals nicht einfach, Altes loszulassen, die Dinge zuerst neu zu (über-)denken und dann diese Veränderungen auch tatsächlich vorzunehmen. Wenngleich nicht einfach, so ist es aber dennoch notwendig.

„Wer nicht mit der Zeit geht, geht mit der Zeit."

Wahrscheinlich kennen Sie dieses Sprichwort, das gerade auf den Einzelhandel in seiner traditionellen Form zu 100 % zutrifft. Wir beobachten in den letzten Jahren, dass eine Vielzahl von Einzelhändlern „mit der Zeit gegangen sind".

Sie können alles Mögliche machen. Sie können die Tipps und Strategien aus diesem Buch umsetzen oder auch ganz andere Veränderungen vornehmen, je nachdem, wo Sie hinwollen.

Nur eines können Sie nicht bzw. sollten Sie nicht, wenn Sie Ihr Geschäft auch in den nächsten Jahren erfolgreich betreiben wollen: Nichts tun und darauf hoffen, dass Digitalisierung und Co. wieder vorübergehen und alles doch beim Alten bleiben wird.

Wenngleich auch ich nicht in die Zukunft blicken kann, so kann ich Ihnen dennoch versprechen – zu 100 % sogar –, dass das nicht der Fall sein wird.

Freunden Sie sich daher mit der Veränderung an. Sie ist und bleibt Ihr ständiger Begleiter im Geschäft. Und wenn Sie am Puls der Zeit bleiben und auf die Möglichkeiten blicken, statt nur die Risiken im Auge zu haben, wird die Veränderung zu Ihrem Freund und willkommenen Wegbegleiter werden.

Ich wünsche Ihnen viel Erfolg!

Roman Kmenta

Über den Autor

Marketingexperte Roman Kmenta ist seit mehr als 30 Jahren als Unternehmer, Keynote Speaker und Bestsellerautor international tätig. Der Betriebswirt stellt seine langjährige intensive Marketing- und Verkaufserfahrung im B2B- wie im B2C-Bereich heute über 100 der Topunternehmen in Deutschland, der Schweiz und Österreich zur Verfügung.

Sein Schwerpunkt liegt dabei auf der Erzielung von mehr Gewinn und höheren Deckungsbeiträgen im Vertrieb.

Mehr als 10 000 Menschen lesen wöchentlich seinen Blog bzw. hören seinen Podcast. Mit seinen Vorträgen gibt er Verkäufern, Führungskräften und Unternehmern Denkanstöße zum Thema „Preis" und setzt bei seinen Zuhörern Impulse in Richtung eines wertorientierten Verkaufs- und Marketingansatzes.
www.romankmenta.com

Foto: Matern, Wien

Hier bestellen >> https://amzn.to/2NyBHtl

Als Amazon-Partner verdiene ich an qualifizierten Verkäufen.

„In diesem Buch findet man nicht nur die allgemein gültigen Erklärungen über den USP, sondern in weiterer Folge auch zahlreiche Beispiele aus der Praxis, die man für seinen jeweiligen Geschäftsfall sofort adaptieren kann. Das Buch richtet sich nicht nur an pure USP-Rookies, sondern auch an jene, die schon begonnen haben darüber nachzudenken und weitere Impulse suchen. Obwohl ich mich nicht erst seit gestern mit USP beschäftige, habe ich wertvolle Anregungen erhalten. Sehr empfehlenswert."

Leopold Pokorny, ECDL Projektleiter
www.elege.online / www.mentor.at

„Positionierung und USP sind oft die Achillesferse von Selbstständigen und Verkäufern. Roman Kmenta gibt sehr praxisnahe Schritt für Schritt Anleitungen zur Umsetzung. Er verschweigt nicht, dass Positionierung und USP oft kreative Prozesse sind, die auch mal etwas dauern können. Zur Hilfe gibt er mehr als 500 USPs aus der Praxis, um diesen Prozess für jedermann kreativ, sicher und einfach zu machen!"

Mario Büsdorf, Business Profiler
www.mario-buesdorf.de

Hier bestellen >> https://amzn.to/2VVfbLJ

Als Amazon-Partner verdiene ich an qualifizierten Verkäufen.

„Das schlechte Gefühl, wenn der Kunde den Preis hinterfragt und sagt zu teuer, kenn ich zu gut. Erstmals dann: Sprachlos. Gut wenn man da eine Handlungsanleitung oder besser noch jede Menge fix und fertige Sätze hat. Wie immer bei Roman Kmenta 100% praxisrelevant und sofort anwendbar. Ich hab's probiert - es macht einfach ein gutes Gefühl im Gespräch die Antworten im Kopf zu haben. Sprachlos war gestern!“

Maria Husch, Die Raumexpertin
www.mariahusch.com

„Wirklich Klasse! - Roman Kmenta ist ein wahrer Experte alles rund um den Preis! Wer sich unsicher ist beim Preise festsetzen und welchen Preis bin ich wert, dem hilft sein e-Book ganz bestimmt!“

René Klampfer, Geschäftsführer Skillswerk
www.skillswerk.at

„Endlich sagt mir mal jemand aus seinem berufenen Munde – populärwissenschaftlich fundiert sowie gut zu lesen und zu verdauen –, was beim Thema ‚seinen Preis wert sein' wirklich Sache ist. Ansprechendes Cover, flott geschrieben, inhaltsstark. So darf's ja sein. Lesen!"

Jon Christoph Berndt

„Roman Kmenta versteht es in seinem Buch ‚Nicht um jeden Preis', den Leser mitzunehmen. Er schreibt flüssig und unterhaltsam, ohne in endlose Fachtermini zu verfallen. Das Buch ist für jeden Unternehmer, Vertriebler oder Freiberufler, der seine Gewinne steigern möchte, ein absolutes Muss."

Marc Heemskerk

Hier bestellen: https://amzn.to/2I6gRjW

Als Amazon-Partner verdiene ich an qualifizierten Verkäufen.

Der Stretchfaktor

Leserstimmen

„Mut für Neues."

„Lockerer Zugang zu gewichtiger Materie."

„Der innere Schweinehund ist endlich besiegt!"

Hier bestellen: https://amzn.to/2WTHTyt

Die letzten Geheimnisse im Verkauf

Leserstimmen

„Top! Mehr gibt es zur Bewertung nicht zu sagen."

„Interessant, fesselnd geschrieben und hochgradig motivierend!"

„Kompakt, anregend, macht Lust auf Verkaufen!"

Hier bestellen: https://amzn.to/2I4gzKC

Als Amazon-Partner verdiene ich an qualifizierten Verkäufen.

Printed in Poland
by Amazon Fulfillment
Poland Sp. z o.o., Wrocław

57956472R00060